서양음식조리

김영인·김나영 공저

도서출판 신성

머리말

사람들의 생활이 바빠지고 복잡해지면서 식생활의 형태는 많이 변천되어 가고 있다. 최근에는 외식산업이 급속도로 성장하면서 세계화의 추세에 발맞추어 다른 나라 음식들이 퓨전 형태로 변모되기도 하는 등 다양한 음식의 모습으로 친근하게 우리에게 다가오고 있다.

본 교재에서는 서양음식과 관련된 조리기능사 시험을 본다거나 관련 음식업을 창업하게 될 때 양식 조리사 품목을 중심으로 초보에서부터 쉽게 만들 수 있도록 참고사항을 통하여 설명을 충분히 하고자 노력하였다.

아무쪼록 이 책을 통하여 서양음식의 이론과 함께 효율적인 조리법을 습득하여 일반 가정에서는 물론 조리사 자격증의 취득에 많은 도움이 있기를 희망한다.

끝으로 이 책을 펴내는데 수고해주신 신성출판사 사장님을 비롯하여 편집해 주신 모든 분들께 감사드리는 바이다.

저자 씀

차 례

- 이 론 -

– 실 습 –

제1장 서양음식의 개요

양식(洋食)은 조리법이 간편하고 영양이 풍부하며, 보기 좋고 경제적인 면에서 국제음식(International food)으로 발전되었다. 그리고 음식에 따라 언제 어떤 음식을 먹는가가 정해져 있고 음식은 상을 차리고 사람이 앉은 다음에 가져오게 된다.

한식은 먹기 좋은 크기로 썰어서 조리를 하나 양식은 되도록 큰 덩어리로 조리하여 먹을 때 식탁에서 잘라먹게 한다. 한식은 습열 조리법이 많이 사용되나 양식은 건열조리법이 많이 사용되며 식품의 맛과 향기가 살아있고 영양적 손실이 적은 편이다. 한식은 조미료를 혼합하여 식품에 섞어서 조미하게 되나 양식은 조리한 후에 조미료를 가하는 것이 대부분이다.

여러 가지 조미료를 사용하지 않고 주로 소금, 후추, 버터가 주된 조미료이고 그밖에 영양과 맛을 풍부하고 부드럽게 하기 위해 음식 위에 소스(sauce)를 이용한다.

제2장 요리 용어

◆ Alamode …
케잌이나 파이 위에 크림을 얹는 것

◆ Bake …
보통 oven속에서 건열로써 굽는 것(cake, pie, 빵)

◆ Barbecue …
숯불이나 oven 또는 broiler에서 조미한 육류를 sauce를 끼얹어가며 조리하는 것

◆ Baste …
조리하는 중에 음식물을 국물이나 물, 특별한 sauce로 적셔 주는 것

◆ Beat …

수저나 beater를 사용하여 음식물을 상하로 빠르게 저어주어서 공기를 투입시키는 것

◆ Branch …
음식물을 끓는 물에 살짝 데쳐 내는 것

◆ Blend …
여러 성분의 재료를 가볍게 잘 혼합하는 것

◆ Boil …
끓는 온도(100℃)에서 액체 상태의 것을 조리하는 것

◆ Braise …
음식을 갈색이 되도록 소량의 지방으로 지진 후 소량의 액체를 가하여 뚜껑을 닫은 다음 약한 불로 서서히 조리하는 것

◆ Broil …
보통 broiler에서 직화열로 음식을 구워내는 것

◆ Caramelize …
약한 불에서 설탕을 서서히 녹여서 갈색이 되도록 하는 것

◆ Chilling…
냉장고나 얼음을 넣어 차게 하는 것

◆ Chop …

음식을 잘게 써는 것

◆ Combine …
서로 다른 성분들의 식품을 함께 잘 섞는 것

◆ Creaming…
버터나 마가린을 부드럽게 치대는 것

◆ Cut …
칼이나 가위로 음식을 자르는 것

◆ Dice …
채소를 보통 $\frac{1}{4}$인치 정도의 아주 작은 모양의 팔모로 써는 것

◆ Dissolve …
액체에 설탕이나 소금 등을 넣어 용해시키는 것

◆ Dredge…
식품위에 빵가루나 밀가루 등을 뿌리는 것

◆ Fold …
주걱이나 나무 스푼을 사용하여 혼합물을 가볍게 섞는 것

◆ Fry …
기름에 튀기는 것

① Shollow-fat frying :
1~2인치의 기름층에 음식의 일부분만 잠그어서 튀기는 경우

② deep-fat frying :
충분한 양의 기름에 완전히 잠그어서 튀기는 경우

◆ Garnish…
음식의 옆이나 위에 장식하는 것

◆ Grate…
강판에 부드럽게 가는 것

◆ Knead …
반죽한 밀가루를 CO2 가스를 빼내기 위해 다시 치대며 반죽하는 것

◆ Melt …
식품에 열을 가하여 액체로 녹이는 것

◆ Mix …
여러 성분의 재료를 저어서 혼합하는 것

◆ Pare …
감자나 사과 등의 껍질을 깎아내는 것

◆ Peel …

토마토, 바나나 등의 껍질을 벗겨 내는 것

◆ Pit …

과일의 씨를 제거하는 것

◆ Render…

낮은 온도로 열을 가하여 육류조직에서 기름을 빼내는 것

◆ Roast …

육류를 oven에서 건열로 조리하는 것

◆ Saute …

소량의 지방으로 살짝 볶아내는 것

◆ Scramble …

계란과 우유의 혼합액을 frying-pan에 저어가면서 지져내는 것

◆ Score…

식품 표면에 흠집을 내어 칼로 도려내는 것

◆ Simmer …

식품을 낮은 온도에서 서서히 끓이는 것

◆ Steam …

압력솥, 중탕기, 찜기에서 증기로써 조리하는 것
(보통 소량의 물이 필요하다)

◆ Stew …
소량의 액체에서 오랫동안 서서히 조리하는 것

◆ Stir…
원을 그리며 저어주는 것

◆ Whip …
달걀 흰자에 공기를 주입시켜 팽창시키는 것(보통 beater로 잘 젓는다)

제3장 조미료

1. 소금(Salt)

기본적인 조미료로서 간을 맞추는데 쓰이고 잘 정제된 것을 식탁에 놓는다(Table salt). 정제염은 이온교환법에 의해 만들어진 소금으로 고운 입자로 되어 있다.

2. 설탕(Suger)

중요한 감미료로서 향미가 강하고 색이 짙은 음식에는 갈색설탕(brown suger)이 쓰이고 케이크 등의 표면장식에는 powder sugar를 많이 쓴다.

3. 식초(Vinegar)

유럽에서는 포도주를 발효시킨 wine vinegar를 많이 이용하고 미국에서는 사과즙을 발효시킨 cider vinegar나 곡류를 발효시킨 malt vinegar를 많이 이용한다.

4. 버터(Butter)

우유의 지방이 주원료인 버터는 식탁용과 조리용으로 크게 나뉘고 때로는 무염버터도 많이 사용하며 최근에는 마아가린 이용도 높아지고 있다.

5. 라아드(Lard)

돼지의 지방조직에서 지방을 분리한 것으로 다른 어떤 유지보다 음식을 부드럽게 하는 힘이 크기 때문에 제과용으로 많이 이용된다. 쇼트닝으로 대용하기도 한다.

6. 샐러드 오일(Salad oil)

식물성 기름을 정제한 것으로 옥수수기름, 콩기름, 면실유 등이 원료가 되며 소스나 그 외 조리용으로 많이 사용된다.

7. 올리브 오일(Olive oil)

질이 좋은 식물성 기름으로 풍미가 좋으며 남유럽에서 조리용으로 가장 많이 이용하고 있고 주로 샐러드 드레싱으로 많이 쓰인다.

8. 치즈

우유의 순수한 단백질을 응고시켜 만든 것으로, 약 800여종이 있으며 덴마크를 중심으로 미주와 서구 각국의 식생활에서 중요한 위치를 차지하고 있다. 조미료, 식사용 등 이용용도가 광범위하고 영양이 풍부하며 종류가 많은 것이 특징이다. 각종 치즈는 공정과정에 따라 특성이 다르며, 경도에 따라 분류하고 있다. 가루치즈는 음식 맛을 내는 데 많이 쓰인다.

9. 토마토 가공품

① 토마토 퓨레(Tomato purée) …
잘 익은 토마토를 조미하지 않고 끓여서 조리에 받친 것으로 토마토의 껍질과 씨만 제거된 것, 토마토 소스, 케찹의 원료로 쓰인다.

② 토마토 페이스트(Tomato paste) …
토마토 퓨레를 더 농축한 것으로 버터, 설탕, 소금 등이 조금 첨가된다.

③ 토마토 케챱(Tomato ketchup) …
토마토 퓨레와 페이스트에 여러 가지 향신료와 소금, 식초, 설탕 등을 첨가하여 졸인 것으로 가장 널리 이용된다.

④ 토마토 소스(Tomato sauce) …
토마토 퓨레와 페이스트를 같이 섞어 넣고 여기에 버터, 수프스톡, 소금, 후추, 양파, 마늘 등을 넣어 익혀서 걸쭉하게 만든 것으로 단맛과 신맛이 거의 없다.

10. 포도주(wine)

① White wine(백포도주) …
생선, 조개류, 새우요리 등에 이용하고 닭종류나 고기요리 종류도 흰빛이면 백포도주를 쓰는 경우가 많다.

② Red wine(적포도주) …
쇠고기와 같은 붉은 빛의 고기에 쓰인다.

③ sherry주(세리주) …
포도주의 일종으로서 적색의 고기류에 쓰인다.

④ Brandy(브랜디) …
닭고기 류나 고기류에 다른 술종류와 함께 쓰인다.

⑤ Peppermint(페퍼민트), Champagne(샴페인), Maraschino(마라스키노) 등
과자류에 사용되거나 단맛이 있는 음료에 쓰인다.

제4장 향신료 및 허브

1. 향신료

방향성 열대식물의 열매나 종자, 뿌리 등을 이용하는데 이들은 육류나 생선류 등의 불쾌한 냄새를 제거하거나 음식의 맛과 향을 증진시키고 방부제로서 역할을 한다.

1) 회향(Anise)

스페인, 중국 등지에서 자라는 식물의 열매로서 감초와 맛이 비슷하고 쿠키나 캔디, 케이크 등을 만들 때 사용한다.

2) 계피(Cinnamon)

중국, 인도네시아, 스리랑카 등에서 생산되는 계피나무 껍질을 우려서 사용하거나 가루로 사용한다. 피클, 푸딩, 음료 및 과자류에 많이 사용한다.

3) 정향(Clove)

인도, 인도네시아, 아프리카 등에서 생산되는 식물로 꽃봉오리를 사용하며 과자류나 푸딩, 수프, 스튜, 피클, 훈연 가공품 등에 사용한다.

4) 고수(Coriander)

파슬리과에 속하는 식물로 열매나 잎을 사용하며 채소류, 피클, 소시지 등에 사용한다.

5) 생강(Ginger)

아시아, 아프리카, 서인도에서 많이 생산되며 뿌리를 그대로 이용하거나 분말로 하여 사용하며 육류, 생선류, 채소류는 물론 음료나 과자류 등에도다양하게 이용된다.

6) 겨자(Mustard)

작고 둥근 씨로서 주로 가루로 하여 육류나 소스 등에 사용하고 독특한 맛과 향을 즐길 때 이용된다.

7) 후추(Pepper)

작은 넝쿨식물의 열매로 동인도가 원산지이며 통후추나 가루로 사용된다. 육류요리를 비롯하여 수프, 스튜, 각종요리에 널리 이용되는데 그대로 빻아서 쓰는 흰후추로 대신한다.

8) 심황(Tumerric)

생강과 식물의 뿌릴 인도가 원산지이며 curry powder의 재료로서 노란색을 띈다. 육류나 생선, 계란 요리 등에 사용된다.

2. 허브

방향성 식물의 잎이나 꽃을 신선한 것으로 그대로 사용하거나 말려서 사용하는 것으로 향기나 향미를 식용이나 약용으로 이용하는데 요리나 차, 관상, 향료, 염료 등으로 다양하게 이용한다.

1) 월계수잎(Bay leaf)

지중해 연안이나 터키, 그리스 등에서 자라는 월계수의 나무 잎을 방행성이 좋으며 수프, 소스, 피클, 로스트 요리 등에 사용된다.

2) 바질(Basil)

인도가 원산지로서 잎과 줄기를 생으로 사용된다. 이탈리아나 프랑스에서 많이 사용하고 토마토가 들어가는 음식에 중요하게 쓰이며 수프, 스튜, 계란 요리 등에도 이용된다.

3) 박하(Mint)

세계 각처에서 자라며 스피어민트와 페퍼민트를 가장 많이 쓴다. 강한 맛과 방향이 있으며 과자나 음료, 수프, 스튜, 육류, 소스 등에 이용된다.

4) 바닐라(Vanilla)

바닐라 열매에서 추출하여 얻으며 인도나 멕시코 등에서 생산된다. 쵸코렛 음료 등 각종 음료나 과자, 빵, 아이스크림류에 다양하게 이용되고 있다.

5) 파세리(Parsley)

지중해 연안이 원산지이며 세계 각처에서 생산되고 있다. 부드럽고 미묘한 맛을 가지고 있으며 생것을 다져서 사용하거나 말려서 사용하고 또한 그대로 음식의 장식에도 이용되고 있다. 수프, 소스, 육류, 샐러드 등에 사용한다.

6) 세이지(Sage)

유고슬라비아에서 주로 생산되며 미국인들이 즐겨 사용한다. 쑥향기가 있는 박하과의 방향성 식물로 돼지고기나 닭고기 등을 조미하는데 많이 이용되고 기타 드레싱, 생선, 계란 요리 등에도 사용된다.

7) 로즈마리(Rosemary)

지중해 연안이 원산지이고 프랑스, 스페인, 포르투갈 등에서 많이 생산된다. 감미롭고 향기로운 맛을 가진 박하과의 식물로서 생잎을 그대로 수프, 스튜, 각종 육류 등에 사용된다.

8) 타임(Thyme)

유럽이 원산지이며 프랑스, 이탈리아, 스페인 등에서 생산된다. 꽃순이나 잎사귀를 말려서 이용하는데 신선하고 자극적인 방향을 가지고 있으며 생선 수프나 소스, 크로켓, 토마토를 넣은 음식 등에 이용된다.

제5장 소스

1. 소스의 특징

소스는 서양요리에서 맛과 색상을 부여하여 식욕을 증진시키고, 재료의 첨가로 영양가를 높이며 음식이 요리되는 동안 재료들이 서로 결합되게 하는 역할을 한다. 소스는 주 요리와 조화가 잘 이루어져야 한다. 주요리가 흰색이면 흰색소스, 갈색이면 갈색소스를 제공하는 것이 좋다. 그리고 소스는 인간들이 짐승을 수렵하여 단순히 구워먹던 시절을 훨씬 지나 어느 정도 요리라 할 수 있는 형태의 식사를 했을 때부터 생겼을 것으로 보는 견해가 일반적이다. 그 외 냉장시설이 없었던 시절에 음식이 약간 변질되었을 경우 변질된 맛을 감추기 위해서 만들어졌다는 설과 질이 낮은 고기 맛을 감추고 맛을 내기 위하여 만들어지기 시작했다는 설 등이 있다.

그 후 훌륭한 요리사와 미식가들에 의해 오랜 세월동안 축적된 맛의 경험과 연구를 통하여 정형화되고 기능화 된 현대적 의미의 소스들이 생겨나게 되었다.

오늘날에도 요리의 풍미를 더해 주고 소화 작용을 도와주는 윤활유 역할을 하며, 요리의 맛과 외형, 그리고 수분을 돋우기 위해 소스의 중요성이 강조되고 있다.

소스의 사용 시 주의할 점은 소스가 요리의 맛을 압도하는 향신료 냄새가 나면 안 되고 소스의 농도가 너무 묽게 되면 원래 요리의 맛을 떨어뜨릴 수 있다.

소스 농도의 기본은 크림 농도가 좋고 소스의 색은 윤기가 나야 하며 덩어리지는 것 없이 주르르 흐르는 정도가 이상적이다.

일반적으로 단순한 요리에는 단순한 소스 사용이 원칙이며 색이 안 좋은 요리에는 화려한 소스, 싱거운 요리에는 강한 소스, 퍽퍽 한 요리에는 수분이 많고 부드러운 소스 사용으로 소스와 요리의 조화를 중요시해야 한다.

소스는 육수와 농축재(liaison)로 구성되어 있으며 다른 재료의 첨가에 따라 변형된 소스가 만들어진다. 그러므로 와인, 육수, 부재료 등 모든 구성요소들이 조화 있게 결합하여 그 소스의 맛을 낼 수 있다.

2. 기본 소스의 종류

1) 토마토 소스(Tomato Sauce)

◆ 재료의 예 : 베이컨 2장, 닭고기 30g, 쇠고기 30g, 양파 ½개, 샐러리 1줄기, 당근 30g, 마늘 1쪽, 밀가루 3T, 토마토페이스트 3T, 토마토 퓨레 3T,

월계수잎, 포도주 3T, 육수 2C, 소금, 후추

◆ 베이컨과 쇠고기, 닭고기는 잘게 썬다.

◆ 양파, 샐러리, 당근, 마늘도 잘게 썬다.

◆ 소스팬에 버터 또는 기름을 넣고 베이컨과 고기를 넣어 볶다가 야채를 넣어 볶는다.

◆ 밀가루를 풀어서 볶는다.

◆ 토마토페이스트, 퓨레, 포도주, 월계수잎을 넣어 잘 혼합한 다음 육수를 붓고 중불에서 은근히 끓인다.

◆ 소스의 농도가 생기면 소금, 후추를 넣고 고운체나 거즈에 걸러 소스를 만든다.

2) 후렌치드레싱(French Dressing)

◆ 재료의 예 : 식용유 5T, 식초 2T, 양파즙 1T, 설탕 1t, 양겨자, 소금, 흰후추.

◆ 양파는 강판에 갈아서 준비한다.

◆ 파세리는 줄기는 따고 잎부분만 곱게 다진다.

◆ 마른 헝겊에 다진 파세리를 넣고 물에 헹구어 꼭 짠다.

◆ 오목한 그릇에 양겨자. 흰후추, 소금, 식용유, 양파즙, 식초를 넣고 거품기로 골고루 섞는다.

◆ 마지막으로 다진 파세리가루를 넣고 섞는다.

3) 데미글라스소스(Demiglace Sauce)

◆ 재료의 예 : 밀가루 ½C, 버터 ½C, 당근 ¼개, 샐러리 1줄기, 양파 ½개, 쇠고기 50g, 토마토 ½개, 토마토케챱, 포도주, 육수, 월계수잎.

◆ 냄비에 버터를 녹이면서 동량의 밀가루를 넣고 볶는다.

◆ 갈색이 날 때까지 충분히 볶아서 루를 만든다.

◆ 당근, 양파, 샐러리, 고기는 납작하게 썰고 토마토는 큼직하게 썰어 볶는다.

◆ 야채를 갈색이 나도록 볶은 후 토마토케챱, 포도주, 육수, 월계수잎 을 넣고 끓이면서 볶은 루를 넣어 농도를 맞춰가며 끓인다.

◆ 농도가 걸죽해지면 간을 맞춘 후 체에 받쳐 거른다.

4) 마요네즈(Mayonnaise)

◆ 재료의 예 : 난황 2개, 식초 2T, 샐러드오일 2C, 소금 1t, 겨자, 흰후추

◆ 오목한 그릇에 계란노른자를 넣고 소금, 후추, 겨자를 넣고 식용유 를 조금씩 넣어 가며 거품기로 젓는다.

◆ 어느 정도 농도가 생기면 식초를 조금씩 넣어 가며 다시 기름과 식 초를 번갈아 가며 넣으면서 간을 맞춘다.

5) 베사멜소스(Bechamel Sauce)

◆ 재료의 예 : 밀가루 4T, 버터 4T, 우유 2C, 흰후추, 소금.

◆ 오목한 보울에 버터를 녹이고 밀가루를 넣어 약한 불에서 나무주걱으로 색이 나지 않도록 볶는다.

◆ 여기에 우유를 조금씩 부어 저어주면서 농도를 맞추고 소금과 흰후추로 간을 한다.

6) 탈탈소스(Tar Tar Sauce)

◆ 재료의 예 : 마요네즈 100g, 삶은 계란 1개, 피클 40g, 양파 20g, 케이퍼 5개, 파세리 5g, 피망 20g, 레몬즙, 식초, 흰후추, 소금.

◆ 삶은 계란과 피클, 피망, 케이퍼, 파세리 등은 곱게 다진다.

◆ 양파는 곱게 다진 후 소금에 살짝 절였다가 물기를 짠다.

◆ 마요네즈에 위의 재료를 혼합한 다음 레몬즙을 넣고 소금, 후추로 양념한다.

7) 다우전 아일랜드 드레싱(Thousand Island Dressing)

◆ 재료의 예 : 마요네즈 100g, 양파 20g, 피클 40g, 올리브 20g, 파세리 5g, 토마토 케찹 80g, 삶은 계란 ½개

◆ 피클, 파세리, 올리브, 삶은 계란은 곱게 다지고 양파는 다져서 소금에 절여 물기를 짠다.

◆ 마요네즈에 다진 재료를 넣고 골고루 섞는다.

◆ 토마토케찹을 넣어서 골고루 섞어 소스를 만든다.

8) 홀렌다이즈소스(Hollandaise Sauce)

◆ 재료의 예 : 난황 8개, 버터 100g, 샐러리 20g, 양파 20g, 파세리 5g, 통후추 4개, 식초 1T, 백포도주 1T

◆ 양파와 샐러리를 다진 것에 식초와 포도주를 넣어 끓여 조린다.

◆ 끓인 국물에 계란노른자를 조금씩 넣으면서 거품기로 20~30분 정도 저어 준다.

◆ 버터는 끓여서 거즈에 거른 후 위의 것에 조금씩 넣으면서 거품기로 저어 준다.

제6장 요리의 종류 및 특징

1. 전채요리(Appetizer)

식욕을 돋우기 위해 식사 전에 내는 음식으로 화려하고 예쁘게 만들며 양을 적게 낸다. 입맛을 돋우기 위한 것이므로 조금만 먹는다.

전채의 종류로는

① 찬 전채 :
카나페(canape), 치즈, 햄, 훈제연어, 새우칵테일, 생굴, 달걀, 과일

② 더운 전채 :
달팽이, 베이컨 말이, 굴, 소시지 등을 구워낸다.
일반적으로 작은 포크로 먹지만 카나페 등은 손으로 먹는다.

1) 카나페의 특징

카나페는 원래 불어로 작은 빵조각이란 의미지만 현재 뜻하는 것은 빵조각 위에 적합한 식재료를 곁들여 하나의 전채 또는 칵테일 파티에서 간단히 즐기는 음식을 말한다. 주로 식빵을 작게 잘라서 구운 다음 한쪽 면에 버터를 바르고 다양한 재료를 얹어서 먹는 오르되브르(Hor d'OEuvres)의 일종이다.

카나페는 오르되브르뿐만 아니라 칵테일 파티나 양주 안주로도 쓰이며, 때에 따라서는 간단한 식사대용으로 이용할 수 있다. 주로 빵 위에 재료를 얹어서 보기 좋게 대접하는데, 빵 대신 크래커를 토대로 하여 만들 수도 있다.

카나페는 사용하는 재료에 따라 다르나 습기가 생기거나 표면이 건조해질 수 있으므로 시간을 잘 맞추어 준비하는 것이 좋다.

2) 카나페의 종류

◆ 허브카나페 :
식빵, 잼, 제철의 허브잎과 꽃, 버터

◆ 체리카나페 :
복숭아 통조림, 체리, 메론, 분설탕, 빵

◆ 오이카나페 :
크래커, 오이, 크림치즈, 삶은 달걀, 올리브

◆ 키위카나페 :

크래커, 키위, 생크림

◆ 연어알카나페 :
크래커, 연어알, 신선초, 생크림

◆ 캐비어카나페 :
크래커, 캐비어, 금귤, 타임잎

◆ 참치카나페 :
크래커, 참치, 마요네즈, 고추, 파

◆ 굴카나페 :
크래커, 오이, 굴

◆ 메추리알카나페 :
메추리알, 크래커, 양상치, 빨간고추

◆ 두부카나페 :
두부, 마요네즈, 슬라이스 치즈, 방울토마토, 치커리, 콩

◆ 김치카나페 :
김치, 다진양파, 토마토, 프렌치드레싱

◆ 햄치즈카나페 :
햄, 치즈, 양상치, 불린다시마, 그린올리브

◆ 그밖에 골뱅이카나페, 새우카나페, 홍합카나페, 과일카나페 등이 있다.

2. 수프(Soup)

1) 수프의 특징

수조육류나 어패류를 끓인 스톡에 건더기를 넣고 끓여 양념한 서양 요리의 국물로서 일반적으로 점심이나 저녁에 사용하며 정찬에서는 식욕을 증진시킬 목적으로 오르되브르 다음에 낸다. 건더기를 풍부하게 넣으면 일품요리로도 사용할 수 있다.

2) 수프의 종류

① 맑은 수프

◆ 콘소메(consomme)가 대부분이며, 수조육류, 어류의 수프 스톡을 달걀 흰자로 누린내나 비린내를 없애고 정제하는 것으로서 맛이 좋다.

◆ 콘소메는 기름기를 뺀 고기, 계란흰자, 허브・스파이스와 토마토, 포도주, 레몬주스와 함께 서서히 끓여 풍부한 맛을 낸 강하고 맑은 최고 품질의 브로스나 스톡이다.

◆ 콘소메는 크리스탈처럼 맑고 지방이 전혀 없는 황갈색이나 갈색이 나는 맛이 충분히 우러난 것이어야 한다.

◆ 브로스와 스톡의 차이점은 브로스는 있는 그대로 서브되지만 스톡은 다른 요리를 만드는 준비물로 사용된다. 브로스는 서서히 끓여야 하며 표면의 찌꺼기를 잘 제거해야 한다.

◆ 그릇에 담은 후 띄우는 고명에 따라 두부, 당근, 마카로니 등이 쓰이며 그것에 따라 이름이 달라진다.

② 불투명한 수프

◆ 퓨레

야채나 과일, 고기 등을 푹 삶아 으깬 후 체에 내린 걸쭉한 상태의 음식을 말하며 퓨레상태에서 그대로 소스 혹은 수프, 잼 등을 만들 수 있다. 완두콩 수프, 당근 수프, 감자 수프, 사과 소스, 기타 과일 잼 등이 해당된다.

◆ 블루테

밀가루를 버터에 볶은 루(roux)를 수프 스톡으로 녹여 농도를 더한 것이다.

◆ 크림

루를 우유로 녹여 주재료와 생크림을 넣고 만든 것이며 띄우는 고명을 쓰지 않을 때도 있으나, 흔히 크래커·크루통(croton : 단단해진 빵조각)·콘플레이크(cornflakes : 옥수수를 갈아서 맷돌에 탄 것)등을 쓴다.

③ 기타 수프

각양각색의 것이 있는데, 대부분 손쉽게 구할 수 있는 제철의 재료를 써서 만들며, 육류와 채소를 함께 끓여 국물을 만든다. 러시아의 보르시치(borshch), 미국의 클램 차우더(clam chowder), 영국의 아이리시 스튜(lrish stew) 등이 유명한 가정수프이다. 또한 집에서 간단하게 만들 수 있는 수프로는 딸기수프, 고구마 현미수프, 대파수프 등이 있다.

3. 생선요리(Fish)

생선요리에는 5~10℃로 차게 준비한 백포도주를 곁들이면 좋다. 둥글게 썬 레몬의 경우에는 포크로 누르고 나이프의 칼날로 가볍게 즙을 짜낸다.

조각모양의 레몬일 경우에는 오른손의 손가락으로 즙을 짜면서 생선에 뿌린다. 뼈가 없는 생선 토막은 포크로 가볍게 잘라서 먹도록 하고 뼈가 있는 원형 그대로의 생선은 포크로 누르면서 중심부까지 나이프를 넣어 윗부분을 접시 앞쪽에 떼어내어 먹는다. 잔뼈가 입 속에 들어갔을 때는 포크에 살짝 받쳐서 접시 한쪽에 놓는다.

대표적인 생선 요리로는 생선살에 밀가루, 계란, 빵가루를 입혀 튀긴 생선튀김(Fried Fish), 베샤멜소스에 치즈 등을 넣어 익힌 생선살 위에 끼얹어주는 솔 모르네(Sole Mornay), 버터에 생선을 구운 후 레몬즙을 뿌리는 휘시 뮤니엘(Fish Meuniere) 등이 있다.

4. 육류요리(Meat)

육류요리에는 15~20℃의 적포도주를 곁들이면 좋다.

큰 접시(Serving Dish)에서 덜어먹는 경우, 육류는 자기접시의 앞쪽에, 야채는 접시뒤쪽에 놓는다. 소스는 육류의 일부분에 치도록 하고, 잘라 먹도록 하고 완두가 곁들여진 경우에는 포크의 등으로 누른 후 먹는 것이 좋다.

대표적인 육류요리로는 두꺼운 육류 조각을 구워 만든 스테이크나 밀가루,

계란, 빵가루를 입혀 튀긴 커틀렛 등이 있다. 스테이크는 굽는 정도에 따라 피가 흐르게 익힌 정도(rare), 약간 붉은색이 남아있는 정도(medium), 속까지 잘 익힌 것(welldone) 등으로 구분하고 스테이크는 사용하는 고기의 부위에 따라 rib steak, T-bone steak, club steak, sirloin steak, round steak 등이 있다. 또한 조리방법에 따라 broiled steak, pan-broiled steak, planked steak, hamburger steak, swiss steak 등이 있다.

5. 샐러드(Salad)

1) 샐러드의 특징

샐러드란 여러 가지 차가운 계절채소 및 허브와 과일 등을 이용해서 소스를 곁들인 것을 일컫는다. 샐러드는 커리나 박하, 올리브 등의 오일이나 드레싱을 엷게 입혀 완성한다. 샐러드는 생것 또는 조리된 것 등이 다 가능하고 고기, 생선, 해물, 치즈, 계란, 쌀, 국수, 곡물 등 다양하게 이용할 수 있으며 육류요리와 함께 먹는 것이 일반적인데 요즘은 주식으로도 먹고 있으며 필수 지방산과 미네랄을 섭취하는데 도움을 준다.

샐러드는 보통 심플샐러드와 복합샐러드 등으로 구분하며 그 기본적인 구성은 그릇을 채워주고 기본역할을 하는 베이스(base)와 맛을 증가시키고 가치를 돋보이게 하는 드레싱(dressing) 그리고 식욕을 돋구고 장식효과를 주는 가니쉬(garnish) 등으로 구성된다.

어떤 샐러드이든 재료가 신선해야 비타민과 미네랄 등이 파괴되지 않고 고유의 영양소를 충분히 얻을 수 있다.

2) 샐러드의 종류

◆ 브로콜리 샐러드 :

바짝 구운 베이컨과 초록색 브로콜리, 새콤달콤한 피클드레싱이 곁들여지는 입맛을 돋우어주는 샐러드. 삶은 감자를 크게 썰어 넣으면 한끼 식사로 충분하다.

◆ 게살샐러드 :

원래는 게를 삶아 살을 발라서 만들거나 통조림으로 나오는 게살을 이용하지만 게맛살을 이용해도 괜찮다. 아보카도는 시원한 맛의 열대과일로 드레싱을 만들어 곁들이면 색다른 맛을 즐길 수 있다.

◆ 과일샐러드 :

식사 후에 먹는 권할만한 샐러드로 집에 있는 과일로도 쉽게 만들 수 있다. 와인과도 맛이 잘 어울리므로 곁들이 안주로도 좋다.

◆ 사과 치즈샐러드 :

사과의 단맛과 샐러리의 아삭한 맛, 고소한 치즈맛이 잘 어울린다. 열량이 낮은 요거트 드레싱을 곁들이면 맛이 깔끔하다.

◆ 참치샐러드 :

집에 있는 재료로 손쉽게 만들 수 있는 샐러드. 빵에 양상추를 깔고 샐러드를 얹어 만들면 훌륭한 참치샌드위치가 된다. 카레드레싱과 함께 버무리면 비린내도 없앨 수 있다.

◆ 콜슬로 :
바베큐 등의 고기요리와 잘 어울리는 샐러드이다. 크림드레싱을 만들어 재료를 섞어 두세 시간 전에 냉장 보관하면 시원한 맛이 느껴진다.

◆ 토마토 피망샐러드 :
곱게 간 참깨를 이용하여 묽은 즙으로 만든 참깨드레싱을 곁들이면 토마토, 피망 등과 잘 어울려 새로운 맛을 낸다.

◆ 오이 토마토샐러드 :
토마토와 오이만 있으면 손쉽게 만들 수 있는 샐러드로 파스타나 매콤한 맛의 요리와 잘 어울린다. 상큼한 키위드레싱을 곁들이면 채소의 신선한 맛을 더욱 살려준다.

◆ 파스타샐러드 :
무더운 여름날, 한 끼 식사로도 먹기 좋은 샐러드이다. 여러 가지 모양의 파스타와 햄, 해산물 등으로 변화를 주어도 좋다. 치즈드레싱을 곁들이면 더욱 좋다.

제7장 식단의 구성과 상차림

1. 아침식사(Breakfast)

보통 아침 메뉴로는 과일(fruit), 쥬우스(juice), 토우스트(toast), 오트밀(oat meal), 계란요리(egg), 콘 후레이크(corn flacks), 커피(coffee) 등을 즐긴다.

토우스트 종류로는 french toast, cinnamon toast, beef on toast 등을 이용하며 계란 요리로는 boiled egg, fried egg, scrambled egg, poached egg 등이 있다. 콘 후레이크는 옥수수가루로 만든 스넥종류로 우유를 부어 스푼으로 떠서 먹는다. 오트밀은 귀리를 갈아서 버터, 우유, 소금, 설탕을 넣어 만든 음식으로 아침식사에 이용된다.

2. 점심식사(Lunch)

점심식사로는 간단한 육요리(Meat), 국수종류(Noodle), 샌드위치류(Sandwiches), 햄버거(Hamburger), 비스킷과 음료(Biscuits), 감자요리 등을 이용하며 육류로는 간단한 조각의 스테이크용 고기, 돼지고기, 양고기, 닭고기 등이 쓰인다.

국수종류로는 스파게티, 마카로니, 그 밖의 간단한 누들이 이용된다. 샌드위치에는 햄, 소시지, 치즈, 샐러드, 기타 생선, 계란 등이 이용되며 오픈 샌드위치로 이용하기도 한다. 햄버거에도 여러 가지 종류의 petty를 이용하는데 각종 치즈와 야채의 종류로 다른 맛을 내기도 한다.

3. 저녁식사(Dinner)

저녁식사 디너는 아침, 점심식사에 비해 비중을 크게 두어 고기요리가 주가 되며 여기에 soup, 야채요리(vegetable), 샐러드(salad) 등이 곁들여진다.

soup에는 크게 맑은 soup(broth, con somme 등), 채소 soup(cucumber soup, carrot soup, potato soup, onion soup 등), 과일 soup(cherry soup, orange soup 등), 크림 soup(cream of greenpeas soup, cream of carrot soup 등) 등으로 나뉘는데 soup위의 장식으로는 파프리카(서양고춧가루, paprika), 파세리 다진 것, 치이즈를 강판에 간 것, 소시지를 얇게 썬 것, 옥수수튀긴 것, 식빵조각, 마카로니, 피망이나 버섯조각 등 다양하게 이용될 수 있고 soup stock을 이용하기도 한다. 또한 식전에 식욕을 돋우기 위해 전채 요리로 appetizer가 있을 수도 있다.

appetizer의 음식으로는 신선한 채소조각(샐러리나 raddish), 과일, 오드볼(작은 칵테일 꼬챙이에 올리브열매나 피클 등을 꿴), 칵테일, 카나페 등이 쓰이는데 appetizer는 식사 전에 거실 또는 식탁에서 먼저 차리는 경우도 있고 main course와 곁들여서 차리는 경우가 있다.

<식단의 예>

예	아침(Breakfast)	점심(Lunch)	저녁(Dinner)
A	Chiled tomato juice, Scrambled egg, Bacon and potato, Milk coffee.	Ham noodles, Salad, Lemon pie, Coffee or Milk.	Vegetable soup, Beef steak, Salad, Fruit jelly, Coffee or Tea.
B	Fresh orange, Ham and egg, Toast, Milk.	Fried fish, Braised vegetable, Salad, Bread and butter, Coffee.	Green soup, Salad, Cheese and cracker, pudding, Coffee
C	Orange juice, Cream cheese, Toast(butter or jam), Coffee.	Clam chowder, Omelet, Fresh fruit, Coffee or Tea.	Onin soup, Beef cutlet, Buttered vegetable and salad, After dinner coffee.
D	Grape juice, French omelet muffin, Milk coffee.	Sandwiches, Spinach soup, Fruit salad, Ice cream, Coffee or Tea.	Stewed beef, Baked potato, Salad, Fruit cocktail, Coffee.
E	Milk and cornflakes, Sausage and fried egg, Fresh fruit, Coffee.	Braised liver, Salad, Bread and vegetable, Milk tea.	Tomato soup, Roast chicken, Fish gratin, Cracker and cheese salad, Cream custard, Coffee.
F	Apple juice, Oatmeal, French toast, Coffee or Milk tea.	Fish and scallop, Casserole, Cabbage salad, Bread and butter, Milk coffee.	Consomme soup, Roast beef, Boiled potato and carrot, Salad, Orange frosting, After dinner coffee.
G	Fresh cantalonp, Boiled egg, Pan cake Milk Coffee or Milk tea.	Baked sausage, Fried onion and potato, Bread and butter, Salad, Cheese biscuit.	Potage soup, Cold meat, Chicken pie Salad, Biscuit, Fresh fruit, Coffee.

4. 상차림에 필요한 용구

1) 상보(Table cloth)

보통 흰 무명으로 만든 것을 사용하며 큰 식탁에는 약 30cm 정도 밑으로 늘어질 정도의 크기라야 한다. 경우에 따라서는 여러 가지 무늬가 있는 것을 사용하기도 한다. 가족끼리의 식사시에는 상보대신 접시받침(place-mats)을 사용할 수도 있다.

2) 냅킨(Napkin)

냅킨은 상보와 같은 천으로 만든다. 원칙은 헝겊으로 된 것을 사용하여야 하지만 간소하게 종이로 된 냅킨을 사용하기도 한다. 냅킨은 아침과 점심식사 때에는 30~40cm의 크기로 된 것을 사용하며 저녁식사 때나 만찬일 경우에는 약 50cm크기의 정사각형으로 된 것을 사용한다. 냅킨은 한번 사용하면 반드시 세탁해서 사용하여야 하며 간단한 모양으로 접어놓아 손쉽게 사용할 수 있게 하는 것이 좋다.

3) 식기

①사기그릇(China ware) -

접시(dish : servingdish, 개인용 dish)
대접(bowl, soup 그릇)
설탕그릇
크림그릇

②유리그릇(Glass ware) -

물컵(water glass)

술컵(wineglass)
칵테일컵(cocktail glass)
그밖에 피클 담는 접시

③은제품(Silver ware) -
Knife(육류용, 생선용, butterknife)
Fork(주식용, 샐러드용, 후식용)
Spoon(수프용, 디저트용, teaspoon)

④기타 장식품 -
촛대, 꽃병 등 사람의 시선보다 높지 않게 장식

5. 상차림 순서(정식과 Dinner 중심)

① 상위를 깨끗이 닦고 상보를 깐다. 상보는 늘어진 길이가 어느 면이나 같도록 해야 한다.

② 식탁 중심에 장식품을 놓고 촛대를 놓을 때는 쌍방이 균형 있게 놓여야 한다.

③ 중앙에 조미료인 소금과 후추를 놓고 설탕과 크림그릇도 준비해 놓는다.

④ 주식접시(Main dish)는 앉는 사람 바로 앞인 의자의 중심위치에 놓여야 하며 식탁 끝에서 약 3~4cm 안쪽으로 놓는다.
그리고 접시와 접시사이는 60~70cm의 간격을 두어야 한다.

⑤ 주식접시 오른편에 나이프를 놓고 왼편에 포크를 놓는다.
스푼은 나이프를 놓은 오른편에 놓는다.
나이프를 한개 이상 놓을 때는 육류용 나이프를 접시에 가까이 놓고 그 다음에 생선용 나이프를 놓는다.
포크는 큰 것이 주식용이고 작은 것은 샐러드나 후식용이며 큰 것이 접시

바로 옆으로 가도록 한다.

⑥ 물컵과 우유컵은 나이프 윗쪽에 놓는다. 찻잔은 스푼 옆 오른편으로 놓으며 손잡이가 오른편으로 가도록 한다.

⑦ 냅킨은 주식접시 위에 놓는 수도 있고 포크 옆 왼편에 놓기도 한다.

⑧ 샐러드접시는 포크 위쪽에 놓으며 빵접시는 샐러드 접시의 오른편으로 주식접시 윗쪽에 놓는다. 빵접시 위에는 버터나이프를 올려놓으며 오른손으로 쥐기 편리한 위치에 놓는다.

⑨ 음식이 차려지는 순서는 다음과 같다.

◆ Appetizer(애피타이저)
◆ Soup(수프)
◆ Fish(생선요리)
◆ Meat(육류)나 Chichen(조류)
◆ Salad(샐러드)
◆ Dessert(후식)
◆ Beverage(음료)

◀ Dinner 상차림의 예 ▶

1. Main dish
2. Napkin
3. Salad
4. Bread
5. Water
6. Milk

제8장 party(파티)의 종류

파티나 다과회에 쓰는 음식은 경우에 따라 다르다. 젊은 사람들이 모이는 파티라면 실질적으로 먹을 것을 많이 장만하고, 오후 티파티는 가능한 한 매력적이면서 우아하게 차려야 한다.

또한, 특별한 날이나 행사를 위한 경우에는 그 분위기에 맞도록 음식을 준비한다. 파티 할 때 대접하는 방식은 손님의 수 또는 장소에 따라 달라진다.

1. Buffet(뷔페)

뷔페의 어원은 간이 식당이라는 것인데, 간이 식사파티의 뜻으로 쓰인다. 뷔페의 장소는 좁고 그릇, 기타 설비가 갖추어지지 않아도 많은 손님을 대접할 수 있다. 음식은 큰 접시에 아름답게 담아 보기 좋게 늘어놓고, 접시, 컵, 포크, 스푼 등의 식기류를 놓은 상은 별도로 준비하며, 손님 각자가 자기 접시에 음식을 덜어서 먹는 방법이다.

손님은 차례로 접시를 들고, 자기가 원하는 음식을 적당하게 담아서 자기 좌석에 와서 식사한다. 음식 테이블에서 집어든 다음에도 비키지 않고 서 있으면 여러 사람에게 폐가 된다.

◀ 뷔페 스타일의 상차림의 예 ▶

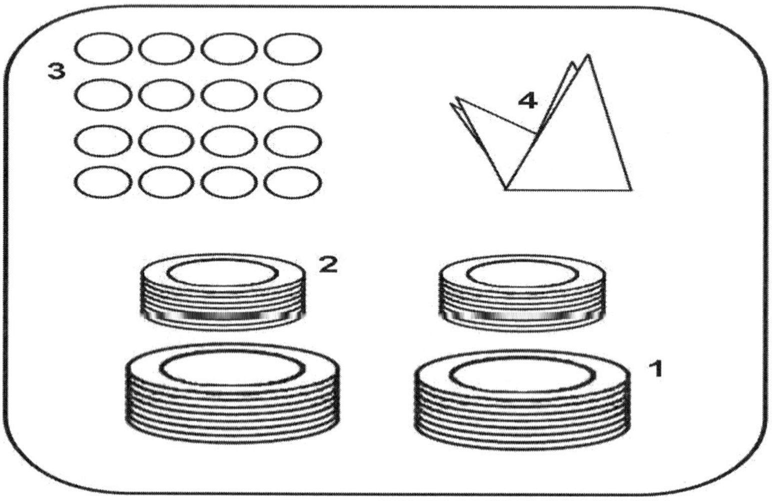

(식기상차림)

1. Main Dish 2. Dessert Plate
3. Tea Cup 4. Napkin

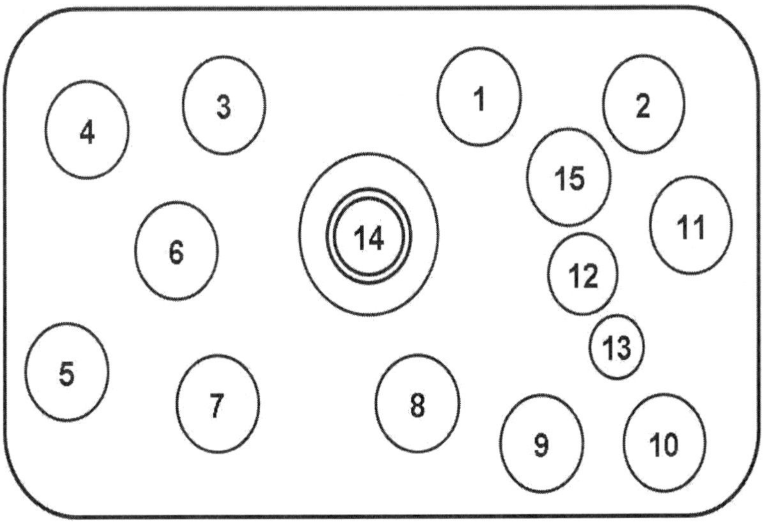

(음식상차림)

1. Meat	2. Meat	3. Fish
4. Vegetable	5. Vegetable	6. Salad
7. Salad	8. Pickle	9. Cake
10. Pie	11. Fruit	12. Sauce
13. Sauce	14. 장식용 꽃	15. Bread

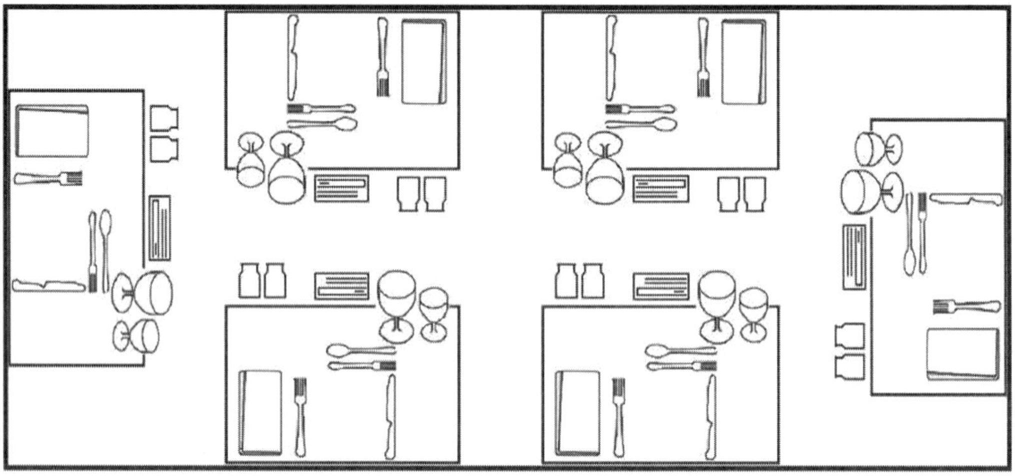

(좌석Buffet의 Table Setting)

2. Tea Patty(티 파티)

티 파티는 음료를 주로 하여 케이크나 샌드위치, 쿠키 등으로 간단하게 준비하고, 초대한 손님의 연령, 기호, 계절에 맞는 음식을 차린다.

음료는 여름에는 시원한 것으로 하고, 겨울에는 티나 커피로 하는 것이 보통이다. 대체로 음료와 음식상을 별도로 준비하는 것이 혼잡하지 않아서 좋다.

테이블 위에 차린 음식을 먹는 데 필요한 접시나 포크, 스푼, 찻잔, 컵, 냅킨 등도 보기 좋게 나열한다.

식사시간을 피하여 오후 2시부터 5시 사이에 하는 것이 적당하다.

<오후 티 파티를 위한 메뉴>

Light menu	Medium menu	Heavy menu
1) 시나먼 토스트, 티 2) 쿠키, 타이 3) 케잌, 커피 4) 샌드위치, 커피 5) 커피케잌, 핫쵸콜렛	1) 샌드위치, 쿠키, 티 2) 샌드위치, 컵케이크, 커피 3) 과일쥬스, 케잌 혹은 쿠키, 견과 4) 아이스크림, 케잌, 커피 5) 과일샐러드, 샌드위치, 커피	1) 오픈 페이스트 샌드위치, 쿠키(여러가지), 티, 견과, 캔디 2) 여러 가지 샌드위치, 케잌, 견과, 캔디, 커피 혹은 티 3) 고기 샐러드, 핫비스킷 혹은 샌드위치,케잌 4) 과일샐러드, 샌드위치, 커피, 아이스크림, 캔디

◀ 티이 파아티의 상차림의 예 ▶

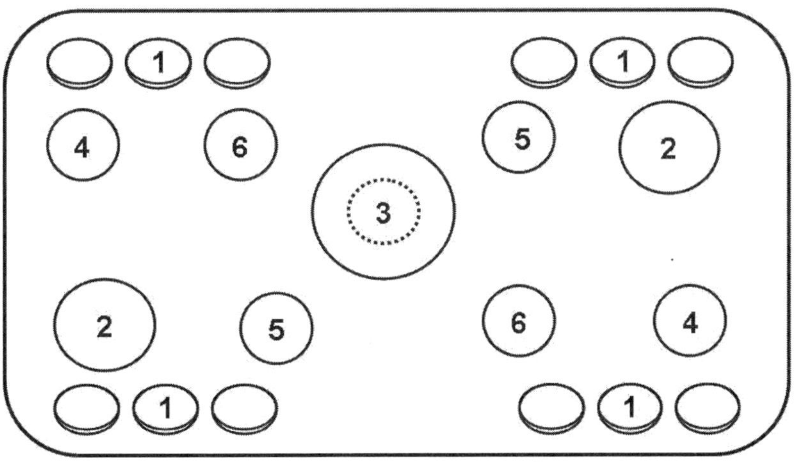

1. 각접시 2. 쿠키 3. 케이크
4. 샌드위치 5. 견과류 6. 한과류

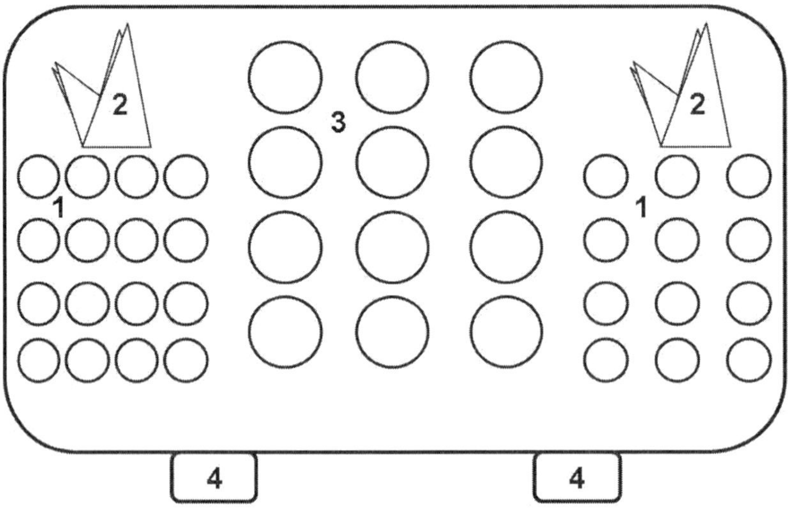

1. 음료수 컵　　　2. 냅킨
3. 음료　　　　　4. 접대하는 사람

3. Reception(리셉션)

대규모의 사회적 모임이다. 오후 3~5시 또는 저녁에 개최한다. 식탁에 내는 것은 티 파티 때와 비슷하나, 술이 많이 나오므로 안주가 될 만한 것을 많이 차린다.

4. Cocktail Party(칵테일 파티)

파티의 형식과 목적은 티 파티와 같으나, 음료는 주류를 겸하고 안주용의 간단한 음식들을 함께 차린다. 술을 못 마시는 사람들을 위하여 알콜 이외의 음료, 또는 뜨거운 수프도 준비한다. 술에는 반드시 얼음조각을 함께 준비한다. 술을 좋아하는 사람도 한두 잔 정도로 그친다.

까나페, 샐러드, 치즈, 견과류 등이 포함된다.

5. Garden Party(가든 파티)

정원에서 하는 것으로, 칵테일파티나 리셉션과 같다. 봄, 가을 등 밖에서 기분 좋게 지낼 수 있는 시기가 좋다.

실 습

◈ 새우 카나페(Shrimp Canape) ◈

♣ 재 료 ♣

새우	....	4마리
양상추	....	1잎
파슬리	....	1잎
케찹	....	3/4T
마요네즈	....	2T
빵	....	2조각
달걀	....	1개
버터	....	적량

< 요구사항 >

· 주어진 재료를 사용하여 다음과 같이 새우 카나페를 만드시오.

· 새우는 내장을 제거한 후 삶아서 껍질을 제거하시오.

· 식빵은 직경 4cm 원형으로 하시오.

< 만드는 법 >

1) 새우를 깨끗이 씻어 머리와 내장을 제거한 후 끓는 물에 익혀 식은 다음 껍질과 꼬리를 제거 한다.
2) 빵을 4cm 원형으로 잘라 토스트 한다.
3) 양상추를 토스트 한 빵의 크기로 자른다.
4) 달걀은 둥글게 노른자가 중심에 오도록 삶아 껍질을 벗긴 후 계란절로 잘라서 준비한다.
5) 빵의 한 면에 마요네즈를 바르고 달걀을 놓은 후 양상추를 놓고 새우를 배열한 다음 케찹을 놓고 파슬리를 작게 잘라 장식하여 접시에 담는다.

< 유의사항 >

· 새우를 부서지지 않도록 한다.

· 식빵의 수분흡수에 유의한다.

· 불을 사용하여 만든 조리작품은 반드시 익어야 한다.

- 요구 작품이 두 가지인 경우 한 가지 작품만 만들었을 때에는 미완성으로 채점대상에서 제외된다.
- 조리작품 만드는 순서는 틀리지 않게 하여야 한다.

〈 Point 〉

- 새우를 끓는 물에 데칠 때는 소금을 넣고 끓인 물에 데치면 맛이 좋고 새우가 작을 때는 껍질을 벗겨서 등 쪽으로 칼집을 넣어서 펴서 사용해도 좋다.
- 카나페는 애피타이저(Appetizer)와 같은 뜻으로 식전에 식욕을 돋구기 위하여 술과 함께 곁들여 내는 요리이다.
- 식빵을 원형으로 자를 때는 가장자리가 찌그러지지 않도록 자른다.
- 새우를 끓는 물에 익혀 식은 다음 껍질을 벗겨야 새우가 부서지지 않는다.
- 양상추를 찬물에 담가 싱싱하게 한 후 물기를 제거하고 빵 크기에 맞춰 자른다.

◈ 튜너 칵테일(Tuna cocktail) ◈

♣ 재 료 ♣

재료		분량
캔참치(고형물)	·····················	80g
양상치	·····················	2잎
레몬	·····················	1/5개
토마토케찹 (칠리소스)	·····················	2T
핫소스	·····················	1T
파슬리	·····················	1잎
소금, 후추	·····················	약간

〈 요구사항 〉

- 주어진 재료를 사용하여 다음과 같이 튜너 칵테일을 만드시오.
- 양상치는 0.2cm 정도의 채로 썰고, 레몬과 파슬리로 장식하시오.
- 칵테일 소스를 끼얹어 내시오.

〈 만드는 법 〉

1) 캔 참치의 기름을 뺀 후 결에 따라 뜯어 놓는다.
2) 상치 한 잎을 밑에 깔고 나머지는 약 0.2cm로 채썰어서 냉수에 담갔다가 싱싱해지면 꺼내어 물기를 거두고 담는다.
3) 레몬 1/6을 1/3은 잘라 소스에 사용하고, 2/3는 가니쉬로 사용한다.
4) 소스는 토마토 케찹을 핫소스, 소금, 후추, 레몬즙을 섞어 칵테일 소스로 만든다.
5) 상추가 담긴 그릇에 참치를 얹고 칵테일 소스를 끼얹고 레몬과 파슬리로 장식한다.

〈 유의사항 〉

- 참치(통조림)의 기름에 유의한다.
- 채썬 상치가 싱싱해지도록 한다.
- 불을 사용하여 만든 조리작품은 반드시 익어야 한다.
- 요구 작품이 두 가지인 경우 한 가지 작품만 만들었을 때에는 미

완성으로 채점대상에서 제외된다.

- 조리작품 만드는 순서는 틀리지 않게 하여야 한다.

〈 Point 〉

- 양상치 채썬 것 위에 참치(튜너)를 얹어내면 튜너 칵테일, 새우를 얹어내면 새우 칵테일로 명칭이 부여된다.

◈ 스터프트 에그(Stuffed egg) ◈

♣ 재 료 ♣

달걀	·························	2개
마요네즈	·························	20g
소금,후추	·························	약간
파슬리	·························	1잎
양겨자	·························	약간
양상추	·························	약간
햄	·························	20g
샐러리	·························	20g

〈 요구사항 〉

- 주어진 재료를 사용하여 다음과 같이 스터프트 에그를 만드시오.
- 달걀의 노른자가 중앙에 오도록 삶으시오.
- 햄과 샐러리는 다져 쓰시오.
- 완성품은 길이를 2등분하여 4개 제시하시오.

  (즉, 직경이 짧은 쪽으로 2등분 한다.)

〈 만드는 법 〉

1) 달걀의 노른자가 중앙에 오도록 삶으시오.
2) 흰자는 잘 씻어 물기를 제거한 다음 양끝을 조금 잘라 고정시킬 수 있도록 한다.
3) 절반 자른 흰자 속에 상추를 0.5cm 정도 나오도록 가니쉬로 깐다.
4) 노른자를 체에 내리고 햄과 샐러리는 곱게 다져서 마요네즈에 겨자, 소금과 함께 섞는다.
5) 흰자에 노른자 섞은 것을 Decoration bag을 이용하여 모양 있게 짜 넣는다.
6) 파슬리로 장식한다.

〈 유의사항 〉

- 달걀을 변색되지 않도록 완숙시킨다.

- 달걀노른자 혼합물이 질어지지 않도록 한다.
- 불을 사용하여 만든 조리작품은 반드시 익어야 한다.
- 요구 작품이 두 가지인 경우 한 가지 작품만 만들었을 때에는 미완성으로 채점대상에서 제외된다.

〈 Point 〉

- 달걀은 처음 5분 정도 저어가면서 삶으면 노른자가 중앙에 오도록 삶을 수 있다. 샐러리, 햄을 곱게 다져 사용하고 달걀 속에 버무린 입자가 크면 파이핑백에서 짤 때 잘나오지 않는다.
- 마요네즈를 적당량 넣어야 노른자 혼합물이 질어지지 않는다.

◈ 휘시 차우더 수프(Fish chowder soup) ◈

♣ 재 료 ♣

재료		분량
뼈없는생선	······················	100g
베이컨(햄)	······················	1조각
양파	······················	30g
감자	······················	50g
샐러리	······················	30g
화이트 루	······················	20g
화이트스톡	······················	1C
우유	······················	1/4C
소금,후추	······················	약간
월계수잎	······················	약간
정향	······················	약간

〈 요구사항 〉

- 주어진 재료를 사용하여 다음과 같이 휘시 차우더 수프를 만드시오.
- 야채는 0.7cm폭과 길이 0.1cm 두께로 썰으시오.
- 생선은 1cm 폭과 길이로 썰으시오.

〈 만드는 법 〉

1) 생선은 날 것으로 1cm 크기로 잘라서 찬물에서 부터 익혀 국물은 스톡으로 사용한다.
2) 베이컨(햄), 다른 야채는 중간 크기 주사위 모양(Dice)으로 썬다.
3) 냄비를 달구어 베이컨(햄)을 볶다가 양파, 감자, 샐러리를 넣어 살짝 익힌 후 체에 받친 스톡을 붓고 화이트 루를 넣어 약간 걸쭉하게 농도를 맞춘다.
4) 소금, 후추로 간을 맞추고 우유를 넣은 후 다시 맛을 조절하고 생선을 넣고 끓이지 않고 불에서 내려 그릇에 담는다.

〈 유의사항 〉

- 수프는 흰색이 나와야 한다.
- 베이컨은 기름을 빼고 사용한다.
- 불을 사용하여 만든 조리작품은 반드시 익어야 한다.
- 요구 작품이 두 가지인 경우 한 가지 작품만 만들었을 때에는 미

완성으로 채점대상에서 제외된다.

- 조리작품 만드는 순서는 틀리지 않게 하여야 한다.

〈 Point 〉

- 생선은 삶아서 식은 후 썰어야 덜 부서지고 1cm 크기로 잘라서 삶는 경우도 있다.
- 생선 삶은 국물은 소창이나 체에 받쳐서 맑게 사용한다.
- 화이트루(White Roux)는 두터운 냄비에 버터를 넣고 녹으면 동량의 밀가루를 넣어 나무주걱으로 타지 않게 은근히 볶은 것이다.
- 수프를 끓일 때 생선살이나 야채가 부서지지 않게 다루면서 수프의 농도가 맞도록 유의한다.
- 수프의 1인분 완성량은 보통 200ml(1컵)이다.

◈ 미네스트로니 수프(Minestrone soup) ◈

♣ 재 료 ♣

버터	…………………	20g
야채(양파,샐러리,당근,무,캐비지)	…………………	50g
감자	…………………	30g
토마토	…………………	30g
마늘	…………………	1쪽
스파게티	…………………	5g
파슬리	…………………	1g
토마토페이스트	…………………	2T
화이트스톡	…………………	1C
소금,후추	…………………	약간
부케가르니	…………………	적당량
정향	…………………	약간
월계수잎	…………………	약간

〈 요구사항 〉

- 주어진 재료를 사용하여 다음과 같이 미네스토로니 수프를 만드시오.
- 야채의 폭과 길이는 1.2cm, 두께는 0.2cm 정도로 썰으시오.
- 스트링빈스, 스파게티는 1.2cm 정도의 길이로 썰으시오.
- 국물과 고형물의 비율을 3 : 1로 하시오.
- 파슬리 가루를 뿌리시오.

〈만드는 법〉

1) 야채는 가로, 세로 1.2cm정도, 두께 0.2cm 정도로 자른다.
2) 파슬리는 다진다. 마늘도 다진다.
3) 스파게티는 삶은 후 1.2cm 길이로 자른다.
4) 냄비에 버터를 넣고 가열하여 마늘을 넣고 단단한 야채부터 순서로 넣어 볶은 다음 토마토 페이스트, 토마토를 넣고 3~4분 더 볶다가 화이트스톡을 넣고 부케가르니를 넣고 20분간 끓이다가 스파게티를 넣고 10분간 더 끓인다.
5) 소금, 후추를 넣고 간을 맞춘 후 부케가르니를 건져내고 수프는 그릇에 담고 위에 파슬리 다진 것을 뿌린다.

〈 유의사항 〉

- 수프의 농도를 잘 맞추어야 한다.
- 불을 사용하여 만든 조리작품은 반드시 익어야 한다.
- 요구 작품이 두 가지인 경우 한 가지 작품만 만들었을 때에는 미완성으로 채점대상에서 제외된다.

〈 Point 〉

- 미네스토로니 수프는 밀라노식의 수프로서 야채의 크기를 일정하게 썰어 준비한 후 야채가 부드러워질 때까지 푹 끓여 간을 맞춘다.
- 스파게티 국수는 끓는 물에 10~15분 정도 삶아서 찬물에 충분히 헹군 후 물기를 빼서 1.2cm정도로 썰어서 수프가 거의 다 끓어갈 때 넣어서 끓이면 농도가 약간 생긴다.

◈ 비프 콘소메(Beef consomme) ◈

♣ 재 료 ♣

쇠고기 간 것	50g
야채(양파,당근,샐러리)	30g
달갈흰자	1개
브라운 스톡	1½C
소금,후추	약간
파슬리	약간
샐러리	약간
통후추	약간
정향	약간
우스타 소스	약간
월계수 잎	약간

< 요구사항 >

· 주어진 재료를 사용하여 다음과 같이 비프 콘소메를 만드시오.

· 완성된 수프가 맑고 갈색이 되도록 하시오.

· 완성된 수프의 양은 1컵 정도 되도록 하시오.

< 만드는 법 >

1) 양파의 일부는 미리 썰어서 기름 없이 후라이팬에서 강한 불로 갈색이 나도록 약간 태운다.
2) 나머지 양파, 당근, 샐러리는 4cm 정도로 채썬다.
3) 계란 흰자를 살짝 저어서 기포있게 만든 후 야채와 쇠고기를 넣고 통후추를 넣어 섞어준다.
4) 3)과 물을 붓고 위의 재료와 부케가르니를 넣어 찬물에서부터 은근하게 끓인다.
5) 우스타 소스나 간장으로 색을 내어 브라운스톡이 되게 한다.
6) 체에 걸러 소금만으로 간을 한 후 낸다.

< 유의사항 >

· 처음 센 불에서 끓인 뒤 약한 불에서 끓여야 한다.

· 맑은 수프이어야 한다.

· 불을 사용하여 만든 조리작품은 반드시 익어야 한다.

- 요구 작품이 두 가지인 경우 한 가지 작품만 만들었을 때에는 미완성으로 채점대상에서 제외된다.
- 조리작품 만드는 순서는 틀리지 않게 하여야 한다.

〈 Point 〉

- 브라운 스톡이 없거나 색이 열을 때는 워스타 소스를 넣어 색을 맑게 내도 좋다.
- 달갈흰자는 국물을 맑게 해 주는 역할이 있고 흰자가 익을 때까지는 저어 가면서 끓이다가 은근한 불에서 서서히 끓여야 국물이 깨끗하다.
- 고단백, 저지방 수프로서 맑은 수프의 대표이다.

◈ 감자크림 수프(Potato cream soup) ◈

♣ 재 료 ♣

재료		분량
감자	·························	100g
버터	·························	5g
파뿌리	·························	10g
양파	·························	20g
화이트스톡	·························	1C
부케가르니	·························	1P
우유(생크림)	·························	3T
파슬리가루	·························	약간
쿠루톤	·························	약간

< 요구사항 >

- 주어진 재료를 사용하여 다음과 같이 감자크림 수프를 만드시오.
- 완성된 수프의 양이 200ml 정도 되도록 하시오.
- 수프의 색과 농도를 맞추시오.
- 크루톤(crouton)의 크기는 사방 0.8~1cm 정도를 만들어 수프에 띄우시오.

< 만드는 법 >

1) 감자는 껍질을 벗겨서 물에 씻은 후 얇게 썬다.
2) 양파, 대파는 얇게 썰어서 냄비에 버터를 넣고 감자와 함께 끓인 후 육수를 붓고 브케가르니와 함께 뚜껑을 덮어 푹 끓인 다음 부케가르니와 건더기는 건진다.
3) 다른 냄비에 위에서 익힌 재료를 체에 받치고 화이트스톡으로 농도를 맞춘다.
4) 3)의 국물을 다시 끓이면서 불순물을 건져내고 우유(생크림)을 넣어 맛을 낸 후 수프그릇에 담아 파스리가루나 쿠루톤을 띄워낸다.

< 유의사항 >

- 수프의 농도를 잘 맞추어야 한다.
- 수프를 끓일 때 생기는 거품을 걷어내어야 한다.

- 불을 사용하여 만든 조리작품은 반드시 익어야 한다.
- 요구 작품이 두 가지인 경우 한 가지 작품만 만들었을 때에는 미완성으로 채점대상에서 제외된다.
- 조리작품 만드는 순서는 틀리지 않게 하여야 한다.

〈 Point 〉

- 루(Roux)를 넣지 않은 감자수프는 차갑게 먹는 수프로도 제공할 수 있다.
- 감자와 양파는 버터를 녹여서 볶을 때 절대로 색깔이 나지 않도록 주의하며 볶는다.
- 육수와 생크림의 양을 기호에 따라 줄이고 우유를 대신 첨가할 수 있다.

◈ 후렌치 어니언 수프(French Onion soup) ◈

♣ 재 료 ♣

재료		분량
양파(큰것)	·················	1개
버터	·················	12g
콘소메 육수	·················	1C
위스타소스	·················	1t
소금,후추	·················	각 2g
바게트 빵	·················	1조각
파터슨치즈(가루치즈)	·················	2g
월계수 잎		

〈 요구사항 〉

· 주어진 재료를 사용하여 다음과 같이 후렌치 어니언 수프를 만드시오.

· 양파는 뿌리와 끝을 손질하여 길이 5cm 크기로 일정하게 썰으시오.

· 후렌치빵은 구워서 사용하시오.

〈 만드는 법 〉

1) 양파를 곱게 채썬다.
2) 두터운 소스팬에 버터를 녹여 양파를 넣고 중불에서 갈색이 날때까지 볶는다.
3) 콘소메 육수를 냄비에 붓고 우스타소스를 넣고 20분쯤 끓이다가 볶은 양파를 넣어 소금, 후추로 간을 한다.
4) 바켓트빵은 마늘빵으로 구운 후 치즈를 얹어 오븐에 넣어 살짝 익힌 후 수프에 띄운다.

〈 유의사항 〉

· 수프의 색깔이 갈색이 나도록 하여야 한다.

· 불을 사용하여 만든 조리작품은 반드시 익어야 한다.

· 요구 작품이 두 가지인 경우 한 가지 작품만 만들었을 때에는 미완성으로 채점대상에서 제외된다.

· 조리작품 만드는 순서는 틀리지 않게 하여야 한다.

〈 Point 〉

· 콘소메 육수(Consomme)는 고기, 야채, 통후추, 월계수잎 등을 넣어 약한 불에서 은근하게 끓인 맑은 육수로서 고운체나 거즈에 걸러 이용하면 좋다.

· 빵은 그대로 이용하는 것보다 버터, 다진 마늘, 파세리 가루를 이용하여 마늘빵으로 구운 후 이용하면 더욱 좋다.

· 바켓트빵 대신 식빵을 둥글게 잘라 이용해도 좋다.

◈ 콜스로우 샐러드(Coleslaw salad) ◈

♣ 재 료 ♣

재료		분량
캐비지	·······················	100g
당근	·······················	20g
소금,후추	·······················	약간
달걀	·······················	1개
식용유	·······················	1/2C
식초	·······················	1t
설탕	·······················	약간
머스터드	·······················	약간
레몬즙	·······················	약간
상추	·······················	약간

〈 요구사항 〉

· 주어진 재료를 사용하여 다음과 같이 콜스로우 샐러드를 만드시오.

· 양배추, 당근은 0.1cm 이내로 곱게 채 써시오.

· 마요네즈를 만들어 사용하시오.

〈 만드는 법 〉

1) 달걀 노른자에 소금, 후추를 넣고 거품기로 저으면서 식용유를 조금씩 넣어가며 마요네즈를 만든다.
2) 당근과 캐비지를 곱게 채 썰어 찬물에 담가 싱싱해지면 건져 물기를 제거 한다.
3) 당근과 캐비지에 마요네즈로 버무린 후 소금, 후추를 넣고 버무려 접시에 담는다.

〈 유의사항 〉

· 채가 일정하고 곱도록 한다.

· 버무릴 때 고루 섞이도록 한다.

· 불을 사용하여 만든 조리작품은 반드시 익어야 한다.

· 요구 작품이 두 가지인 경우 한 가지 작품만 만들었을 때에는 미완성으로 채점 대상에서 제외된다.

· 조리작품 만드는 순서는 틀리지 않게 하여야 한다.

〈 Point 〉

- 접시에 담기 직전에 무쳐서 담아야 물기가 생기지 않는다.
- 콜스로우(Coleslaw)는 양배추 샐러드를 뜻한다. 양배추는 한 잎씩 뜯어 곱게 채 썰어 찬물에 담갔다 건지면 싱싱하면서 세척의 효과도 있다.

◈ 월도프 샐러드(Waldorf Salad) ◈

♣ 재 료 ♣

재료		분량
사과	······························	60g
샐러리	······························	30g
호도알	······························	15g
마요네즈	······························	$1\frac{1}{2}$T
설탕	······························	약간
레몬즙	······························	10㎖
소금,후추	······························	약간
양상추(상추)	······························	2잎

〈 요구사항 〉

- 주어진 재료를 사용하여 다음과 같이 월도프 샐러드를 만드시오.
- 사과, 샐러리, 호도알을 1cm 정도의 크기로 써시오.
- 호도알은 속 껍질을 벗겨 사용하시오.
- 상추를 깔고 놓으시오.

〈 만드는 법 〉

1) 사과는 씨, 껍질을 제거하여 사방 약 1cm 정도로 잘라 소금물에 담구어 변색이 되지 않도록 한다.
2) 호도는 뜨거운 물에 불려 속껍질을 벗기고, 샐러리는 겉껍질을 벗긴 후 사과와 비슷한 크기로 자른다.
3) 상추 한 잎을 깔고 사과, 샐러리, 호도, 레몬즙, 마요네즈, 소금, 후추를 넣어 버무린 후 그 위에 담는다.
4) 약간의 호도를 남겼다가 잘게 잘라서 위에 뿌린다.

〈 유의사항 〉

- 사과의 변색에 유의한다.
- 불을 사용하여 만든 조리작품은 반드시 익어야 한다.
- 요구 작품이 두 가지인 경우 한 가지 작품만 만들었을 때에는 미완성으로 채점대상에서 제외된다.

- 조리작품 만드는 순서는 틀리지 않게 하여야 한다.

〈 Point 〉

- 사과를 썰어 놓으면 색이 변하므로 물에 소금이나 설탕을 약간 타서 담갔다 건져서 사용하는 경우도 있다.
- 호도는 미지근한 물에 담갔다가 불린 후 껍질을 벗기면 잘 벗겨진다.

◈ 포테이토 샐러드(Potato Salad) ◈

♣ 재 료 ♣

감자	1개
양파	20g
파슬리	3g
소금,후추	약간
마요네즈	2T
양상추	1잎

〈 요구사항 〉

· 주어진 재료를 사용하여 다음과 같이 포테이토 샐러드를 만드시오.

· 감자는 1cm 정도의 정육면체로 써시오.

· 감자는 껍질을 벗긴 후 썰어서 삶는다.

· 양파와 파슬리는 다지시오.

〈 만드는 법 〉

1) 감자는 껍질을 벗겨 1cm 정도의 주사위 모양으로 잘라, 삶아서, 건져 식힌다.
2) 양파와 파슬리는 각각 곱게 다져 양파는 소금물에 담구었다가 짜내고, 파슬리는 물에 헹구어 짜낸다.
3) 용기에 위의 재료를 넣고 소금, 후추, 마요네즈를 넣어 잘 섞어서 양상치를 깔은 접시에 담는다.

〈 유의사항 〉

· 감자는 잘 익고 부숴지지 않도록 유의한다.

· 양파와 파슬리는 뭉치지 않도록 버무린다.

· 불을 사용하여 만든 조리작품은 반드시 익어야 한다.

· 요구 작품이 두 가지인 경우 한 가지 작품만 만들었을 때에는 미

완성으로 채점대상에서 제외된다.

- 조리작품 만드는 순서는 틀리지 않게 하여야 한다.

〈 Point 〉

- 파슬리는 곱게 다진 후 소창에 싸서 찬 물에 충분히 헹궈 꼭 짠 다음 사용하면 샐러드에 푸른 물이 들지 않아 깨끗하다.
- 감자는 깨끗이 씻어서 껍질채 쪄서 식은 후 벗겨서 썰으면 좋으나 시간이 없을 때는 1의 정육면체로 썰어 찬 물에 담갔다가 건져 삶아서 사용한다.
- 감자는 뜨거울 때 드레싱으로 무쳐야 속까지 잘 배어들어 맛이 좋다.
- 양파의 매운 맛이 감자 샐러드의 맛을 돋구며 마요네즈에 버무릴 때 감자가 부서지지 않도록 주의한다.

◈ 비프 스튜(Beef stew) ◈

♣ 재 료 ♣

쇠고기	130g
버터	1T
마늘	1쪽
당근	30g
양파	30g
감자	30g
샐러리	30g
밀가루	15g
토마토 페이스트	15g
브라운 스톡	80g
소금,후추	약간
파슬리	약간
월계수잎	약간
정향	약간

〈 요구사항 〉

- 주어진 재료를 사용하여 다음과 같이 비프 스튜를 만드시오.
- 완성된 쇠고기와 야채의 크기는 1.8cm 정도의 정육면체로 하시오.
- 브라운 루(brown roux)를 만들어 넣으시오.

〈 만드는 법 〉

1) 쇠고기는 2cm 육면체를 썰고 야채도 같은 크기로 썰어 모서리를 다듬고 마늘을 다진다.
2) 쇠고기는 소금, 후추로 간해서 밀가루를 묻힌다.
3) 팬에 버터를 두르고 야채를 볶은 뒤 쇠고기를 볶는다.
4) 소스팬에 버터를 두르고 밀가루를 넣어 브라운 루를 만든 후 토마토페이스트를 넣어 볶는다.
5) 물에 부어 루를 풀고 월계수잎과 정향을 포함한 모든 재료를 넣고 끓이다가 감자는 나중에 넣어주고 소금, 후추로 간하고 파슬리 가루를 살짝 뿌린 후 마무리한다.

〈 유의사항 〉

- 소스의 농도와 분량에 유의한다.
- 고기와 야채는 형태를 유지하면서 익는 정도에 유의한다.
- 불을 사용하여 만든 조리작품은 반드시 익어야 한다.

· 요구 작품이 두 가지인 경우 한 가지 작품만 만들었을 때에는 미완성으로 채점대상에서 제외된다.
· 조리작품 만드는 순서는 틀리지 않게 하여야 한다.

〈 Point 〉

· 쇠고기와 야채의 완성된 크기가 1.8㎝의 정육면체가 되도록 썰어서 야채가 푹 익으면서 형태를 유지할 수 있도록 한다.
· 야채를 넣어서 볶을 때 감자는 되도록 처음부터 볶지 말고 나중에 넣는 것이 부서지지 않는다.
· 스튜가 끓으면서 거품이 생기면 걷어가면서 눋지 않도록 가끔 저어가며 끓인다.

◈ 바베큐 폭찹(Barbecued pork chop) ◈

♣ 재 료 ♣

돼지갈비	····················	200g
토마토 소스	····················	3T
토마토 케찹	····················	2T
우스타소스	····················	1t
브라운슈가	····················	1T
양파	····················	30g
샐러리	····················	30g
버터	····················	15g
소금,후추	····················	약간
식초(레몬)	····················	1t
핫소스	····················	3방울
월계수잎	····················	약간
밀가루	····················	1½T

< 요구사항 >

· 주어진 재료를 사용하여 다음과 같이 바베큐 폭찹을 만드시오.

· 고기는 뼈가 붙은 채로 사용하시오.

· 고기는 두께가 2cm 정도로 하시오.

· 완성된 상태가 윤기가 나면 겉물이 흘러나오지 않도록 하시오.

< 만드는 법 >

1) 돼지갈비는 기름을 제거하고 힘줄, 뼈와 살이 붙어 있는 곳에 칼집을 넣어 소금, 후추를 뿌려 밀가루를 묻혀 프라이팬에 갈색이 나도록 굽는다.
2) 양파, 샐러리는 작은 주사위 모양(0.5cm)으로 썬다.
3) 냄비에 버터를 넣고 가열하여 양파, 샐러리를 볶은 다음 브라운 슈가, 토마토 소스, 토마토 케찹, 우스타 소스, 식초, 핫소스를, 넣고 끓으면 돼지갈비를 넣고 푹 익힌다.
4) 익힌 돼지갈비를 접시에 담고 소스의 기름을 걷어 내고 농도와 맛을 다시 조절하여 갈비 위에 끼얹는다.

< 유의사항 >

· 소스의 농도에 유의한다.

· 재료의 익히는 순서를 고려하여 끓인다.

- 불을 사용하여 만든 조리작품은 반드시 익어야 한다.
- 요구 작품이 두 가지인 경우 한 가지 작품만 만들었을 때에는 미완성으로 채점대상에서 제외된다.
- 조리작품 만드는 순서는 틀리지 않게 하여야 한다.

〈 Point 〉

- 돼지갈비(포크 찹)는 알맞은 크기로 손질한 후 팬에 노릇하게 지쳐 고기 누린내를 없애고 육질을 탄력있게 한다.
- 소스는 새콤달콤한 맛이 강하게 하고 윤기가 나도록 한다.
- 바비큐란 통째로 고기를 직접 불에 굽는 요리를 말하며 케찹, 식초, 설탕, 야채 등을 넣어 만든 바비큐소스를 발라가며 구워야 잘 구워진다.

◈ 새우 후렌치 프라이(Franch Fried Shrimp) ◈

♣ 재 료 ♣

재료		분량
새우	························	6마리
밀가루	························	100g
찬물	························	1/3C
설탕	························	약간
소금,후추	························	약간
샐러드 오일	························	1/2C
파슬리	························	약간
레몬	························	1쪽
달걀	························	1개

〈 요구사항 〉

- 주어진 재료를 사용하여 다음과 같이 새우 후렌치 프라이를 만드시오.
- 새우를 구부러지지 않게 튀김 하시오.
- 새우튀김은 6개를 제출하시오.
- 레몬과 파슬리로 가니쉬를 하시오.

〈 만드는 법 〉

1) 새우를 깨끗이 씻어 머리, 내장, 껍질을 제거하고(꼬리는 남긴다) 배 쪽에 2~3회의 칼집을 넣은 후 소금, 후추를 뿌려 놓는다.
2) 달걀을 흰자, 노른자로 분리한 후 노른자에 물, 밀가루, 설탕을 넣고 가볍게 저어 튀김옷(반죽)을 만든다.
3) 흰자는 거품을 내어 반죽에 가볍게 섞는다.
4) 준비된 새우에 반죽을 입혀 기름에 튀겨 접시에 담는다.(레몬과 파슬리로 장식한다).

〈 유의사항 〉

- 튀김 직전에 튀김 반죽을 만들어야 한다.
- 튀김의 색깔이 깨끗해야 한다.
- 불을 사용하여 만든 조리작품은 반드시 익어야 한다.

· 요구 작품이 두 가지인 경우 한 가지 작품만 만들었을 때에는 미완성으로 채점대상에서 제외된다.
· 조리작품 만드는 순서는 틀리지 않게 하여야 한다.

〈 Point 〉

· 튀김기름의 온도가 160~170℃ 정도로 확인한 후 타지 않게 파삭거리게 튀긴다.
· 계속 튀김을 하다 보면 온도가 낮아지는 경우가 있으므로 주의한다.
· 새우를 손질할 때 내장은 등 쪽에서 꼬챙이로 빼고 꼬리가 떨어지지 않도록 껍질을 벗길 때 주의한다.
· 배 쪽에 칼집을 넣은 후에 반듯하게 펴서 소금, 후추로 양념한다.
· 새우의 수분에 따라 반죽의 농도가 달라지므로 튀기기 전에 확인해 보는 것이 좋다.
· 생선요리에는 레몬을 곁들여 주는 것이 좋으며 레몬의 양끝을 잘라서 놓는다.

◈ 솔모르네(Sole mornay) ◈

♣ 재 료 ♣

재료		분량
넙치	…………………	1마리
버터	…………………	15g
밀가루	…………………	15g
우유	…………………	1/4C
치즈	…………………	30g
소금	…………………	약간
피시스톡	…………………	약간
클로브	…………………	약간
양파	…………………	약간
카이엔페퍼(파프리카)	…………………	약간

〈 요구사항 〉

· 주어진 재료를 사용하여 다음과 같이 솔모르네를 만드시오.

· 베샤멜소스와 피시스톡(Fish Stck)을 만드시오.

· 생선은 포칭(poching)하시오.

· 수량은 같은 크기로 3개 정도 내시오.

· 카이엔페퍼를 뿌려 내시오.

〈 만드는 법 〉

1) 양파와 치즈를 다져놓는다.
2) 생선은 깨끗이 씻은 후 5장 뜨기를 하여 껍질을 벗기고 소금, 후추로 간을 한다.
3) 생선뼈는 핏물을 잘 씻어내고 토막 내어 야채를 볶고 뼈와 물, 향신료를 넣어 끓여서 흡수지에 걸러낸다.
4) 소스팬에 버터를 바르고 양파 다진 것을 놓고 그 위에 생선을 놓고 생선스톡을 부어 익힌다.
5) 생선이 익으면 베사멜소스에 치즈를 넣고 농도가 되면 생선스톡으로 농도를 맞춘 후 소금, 후추로 간을 해서 생선 위에 끼얹고 파프리카를 뿌려낸다.

〈 유의사항 〉

· 소스의 농도에 유의한다.

- 생선살이 흐트러지지 않도록 유의한다.
- 생선뼈는 지급된 가자미로 사용한다.
- 불을 사용하여 만든 조리작품은 반드시 익어야 한다.
- 요구 작품이 두 가지인 경우 한 가지 작품만 만들었을 때에는 미완성으로 채점대상에서 제외된다.
- 조리작품 만드는 순서는 틀리지 않게 하여야 한다.

〈 Point 〉

- 생선은 살로 포를 떠서 생선모양을 살려서 익힌 후 사용하는 방법도 있고 돌돌 말아서 꼬챙이로 꽂아 익혀서 하는 방법도 있다.
- 베샤멜소스를 만들 때 두툼한 냄비에서 색이 나지 않게 깨끗하게 볶아서 만들어야 스톡을 부어서 풀 때 색이 곱다.

◈ 휘시뮤니엘(Fish Meuniere) ◈

♣ 재 료 ♣

재료		분량
넙치	·························	1마리
버터	·························	30g
밀가루	·························	20g
소금,후추	·························	약간
레몬	·························	1/5개
파슬리	·························	1잎

〈 요구사항 〉

- 주어진 재료를 사용하여 다음과 같이 휘시뮤니엘를 만드시오.
- 구운 생선의 길이는 7cm 정도로 하시오.
- 레몬과 파슬리를 곁들여 내시오.

〈 만드는 법 〉

1) 파슬리 1/2은 찬물에 담가두고, 1/2은 다져놓는다.
2) 생선을 씻어 5장으로 포를 떠서 껍질을 벗긴 다음 생선살만을 모아 모양을 갖추어 놓는다.
3) 프라이팬에 버터를 넣고 가열하여 온도가 알맞을 때 생선에 소금, 후추를 뿌리고 밀가루를 앞뒤로 묻혀 팬에 익혀낸다.
4) 생선살이 뼈쪽이 윗쪽으로 오도록 접시에 담는다.
5) 버터, 레몬, 소스를 만들어 파슬리 다진 것을 뿌린 후 생선에 끼얹어 낸다.

〈 유의사항 〉

- 생선살은 흐트러지지 않게 포를 뜬다.
- 생선의 담는 방법에 유의한다.
- 불을 사용하여 만든 조리작품은 반드시 익어야 한다.
- 요구 작품이 두 가지인 경우 한 가지 작품만 만들었을 때에는 미

완성으로 채점대상에서 제외된다.

- 조리작품 만드는 순서는 틀리지 않게 하여야 한다.

〈 Point 〉

- 도마 위에 생선을 다룰 때는 물기 없이 깨끗이 다루도록 유의한다.
- 생선은 조리후의 길이가 조리전의 길이 보다 훨씬 짧아지므로 유의한다.
- 접시에 담은 조리된 상태의 길이나 넓이가 알맞도록 조리과정에서 미리 손질하는 것이 좋다.
- 생선에 밀가루를 묻혀 버터구이 하는 것을 뮤니엘(Meuniere)이라 한다.

◈ 스페니시 오믈렛(Spanish omelet) ◈

♣ 재 료 ♣

달걀	2개
베이컨(햄)	20g
양파	20g
피망	20g
양송이	3개
토마토	30g
토마토패스트	1T
소금	약간
버터	1T
식용유	15ml
우유	1T

〈 요구사항 〉

· 주어진 재료를 사용하여 다음과 같이 스페니시 오믈렛를 만드시오.

· 모든 주어진 재료는 0.5cm 0.5cm 정도의 크기로 써시오.

· 타원형으로 만드시오.

〈 만드는 법 〉

1) 양파, 피망, 양송이, 베이컨을 사방 0.5cm 정도로 자른다.
2) 토마토는 껍질을 제거하고 같은 크기로 자른다.
3) 팬에 버터를 두르고 베이컨(햄)을 볶다가 양파, 피망, 양송이, 토마토, 페이스트를 넣고 소금으로 간을 맞춘다.
4) 팬에 식용유를 두르고 달걀에 버터와 약간의 물이나 우유를 넣고 잘 풀어 부어서 절반쯤 익힌 후 볶아 놓은 재료를 넣고 감싸서 오믈렛을 만든다.

〈 유의사항 〉

· 내용물이 고루 들어가고 터지지 않도록 유의한다.

· 달걀을 부칠 때 타거나 단단해지지 않도록 한다.

· 불을 사용하여 만든 조리작품은 반드시 익어야 한다.

· 요구 작품이 두 가지인 경우 한 가지 작품만 만들었을 때에는 미완성으로 채점대상에서 제외된다.

- 조리작품 만드는 순서는 틀리지 않게 하여야 한다.

〈 Point 〉

- 달걀이 팬에 붙지 않도록 길들여진 프라이팬을 이용하여 미리 달군 후 사용하는 것이 좋다.
- 달걀이 스크램블 에그처럼 다 익지 않은 부드러운 상태로 되었을 때 볶은 재료를 알맞게 넣어 살짝 익히도록 해야 한다.
- 후라이팬의 손잡이 쪽을 두들겨 가면서 모양을 타원형으로 잡아 주면 좋다.

◈ 치즈 오믈렛(Cheese omelette) ◈

♣ 재 료 ♣

달걀	································	3개
치즈	································	1장
버터	································	약간
식용유	·················	

〈 요구사항 〉

- 주어진 재료를 사용하여 다음과 같이 치즈 오믈렛을 만드시오.
- 치즈는 가로, 세로 0.5cm 정도 자르고 치즈가 들어가 있는 것을 알 수 있도록 만드시오.
- 타원형의 모양으로 만드시오.

〈 만드는 법 〉

1) 치즈를 0.5cm 정도의 크기로 자른다.
2) 용기에 달걀을 깨어 넣고 후추를 뿌려서 잘 휘저은 다음 자른 치즈를 넣는다.
3) 프라이팬에 식용유를 넣고 가열되면 2)를 넣고 젓가락으로 부드러운 스크램블 에그가 되도록 익힌 후 타원형으로 말아 접시에 담는다.

〈 유의사항 〉

- 익힌 오믈렛이 갈라지지 않도록 유의한다.
- 익힌 오믈렛이 너무 굳어지지 않도록 유의한다.
- 오믈렘에서 익지 않은 계란이 흐르지 않도록 유의한다.
- 불을 사용하여 만든 조리작품은 반드시 익어야 한다.
- 요구 작품이 두 가지인 경우 한 가지 작품만 만들었을 때에는 미

완성으로 채점대상에서 제외된다.

- 조리작품 만드는 순서는 틀리지 않게 하여야 한다.

〈 Point 〉

- 프라이팬에 치즈가 눌어서 오믈렛 겉모양이 약간 눌은 부분이 보인다.
- 프라이팬에 식용유를 넣고 잘 가열하여 길들여진 후 오믈렛을 해야 붙지 않고 모양이 예쁘게 된다.
- 오믈렛은 대표적인 달걀요리의 한 종류이다.
- 달걀을 잘 풀어 다양한 재료를 섞은 후 길이 잘 든 오믈렛 팬에 저어 가며 부드럽게 익혀 타원형(럭비공)모양으로 만든다.
- 주로 아침식사로 제공되며 어떤 재료를 넣느냐에 따라 이름을 붙여 준다.
  달걀로만 한 오믈렛을 플레인 오믈렛이라고 한다.

◈ 치킨 아라킹(Chicken a'la king) ◈

♣ 재 료 ♣

재료	분량
닭고기	250g
버터	1T
밀가루	1T
우유	1/3C
양송이	3개
피망	1/2개
소금,후추	약간
붉은피망	약간
양파	약간
정향	약간
육수	약간

< 요구사항 >

· 주어진 재료를 사용하여 다음과 같이 치킨 아라킹을 만드시오.

· 완성된 닭고기의 크기는 1.8cm 정도로 하시오.

· 완성된 야채와 버섯의 크기는 1.8cm 정도로 하시오.

< 만드는 법 >

1) 닭고기는 깨끗이 씻어 끓는 물에 넣어 익힌 다음 뼈와 껍질을 제거하고 2cm 정도 크기로 자른다.(고기 끓인 물은 버리지 말고 치킨스톡으로 이용한다.).
2) 양송이는 두껍게 슬라이스하고 양파, 붉은 피망, 파란피망은 2cm 정도의 크기로 자른 후 버터나 기름에 살짝 볶는다.
3) 냄비에 버터를 녹여 밀가루를 넣고 화이트 루를 만든 후 우유를 넣어 화이트 소스를 만들고 필요하면 치킨 스톡을 더 넣고 맛을 조절한다.
4) 익은 닭고기, 양송이, 피망을 소스에 넣고 잠시 더 끓인 후 접시에 담는다.

< 유의사항 >

· 소스의 색깔과 농도에 유의한다.

· 불을 사용하여 만든 조리작품은 반드시 익어야 한다.

· 요구 작품이 두 가지인 경우 한 가지 작품만 만들었을 때에는 미완성으로 채점대상에서 제외된다.
· 조리작품 만드는 순서는 틀리지 않게 하여야 한다.

〈 Point 〉

· 치킨 아라킹은 왕이 먹던 닭고기 요리로 닭살을 잘라서 팬에 깨끗이 볶아 사용해도 좋다.
· 완성된 요리에 기름이 뜨지 않도록 닭고기 기름을 제거하고 야채 볶을때 부서지지 않도록 주의한다.

◈ 치킨 커틀렛(Chicken cutlet) ◈

♣ 재 료 ♣

닭고기	·························	110g
달걀	·························	1개
밀가루	·························	30g
빵가루	·························	100g
소금,후추	·························	약간
식용유	·························	120ml

〈 요구사항 〉

- 주어진 재료를 사용하여 다음과 같이 치킨 커틀렛을 만드시오.
- 닭은 껍질째 사용하시오.
- 완성된 커틀릿의 두께를 1cm 정도로 하시오.
- 디프패트 프라잉(deep fat frying)로 하시오.

〈 만드는 법 〉

1) 닭을 깨끗이 손질하여 뼈를 발라내고 얇게 저며 소금, 후추로 간을 한다.
2) 닭고기를 밀가루, 달걀, 빵가루의 순서로 튀김옷을 입힌다.
3) 160℃～180℃ 온도의 식용유에 튀겨낸다.

〈 유의사항 〉

- 닭고기가 오그라들지 않게 한다.
- 완성된 커틀릿은 색깔에 유의한다.
- 불을 사용하여 만든 조리작품은 반드시 익어야 한다.
- 요구 작품이 두 가지인 경우 한 가지 작품만 만들었을 때에는 미완성으로 채점대상에서 제외된다.
- 조리작품 만드는 순서는 틀리지 않게 하여야 한다.

◈ 살리스버리 스테이크(Salisbury steak) ◈

♣ 재 료 ♣

재료	분량
다진쇠고기	120g
양파	20g
샐러리	10g
빵가루	3C
우유	1/3C
달걀	1개
소금,후추	약간
식용유	적당량
브라운소스	적당량
감자	약간
시금치	약간
당근	약간

〈 요구사항 〉

· 주어진 재료를 사용하여 다음과 같이 살리스버리 스테이크를 만드시오.

· 고기 앞, 뒤의 색깔을 갈색으로 내시오.

· 살리스버리 스테이크의 형태를 갖추시오.

〈 만드는 법 〉

1) 양파, 샐러리는 곱게 다진 다음 볶아서 식힌다.
2) 빵가루는 우유를 섞어 부풀린다.
3) 용기에 쇠고기, 양파, 샐러리, 빵가루, 우유, 달걀, 소금, 후추를 넣고 잘 섞이도록 치대어 타원형으로 만든다.
4) 프라이팬에 식용유를 두르고 가열하여 밀가루를 살짝 묻혀 스테이크를 넣고 앞뒤가 갈색이 나게 잘 익힌다.
5) 곁들임 야채는 연한 소금물에서 살짝 익힌 후 팬에 버터를 두르고 볶으면서 소금, 후추로 간한다.

〈 유의사항 〉

· 고기가 타지 않도록 유의한다.

· 구워진 고기가 단단해지지 않도록 유의한다.

· 불을 사용하여 만든 조리작품은 반드시 익어야 한다.

- 요구 작품이 두 가지인 경우 한 가지 작품만 만들었을 때에는 미완성으로 채점대상에서 제외된다.
- 조리작품 만드는 순서는 틀리지 않게 하여야 한다.

〈 Point 〉

- 양파를 곱게 다져서 섞어 넣어야 고기가 부드럽고, 오래 끈기있게 치대어 사용해야 모양이 매끄럽다.
- 햄버거 스테이크나 살리스버리 스테이크는 모양을 만들 때 익히기 전 보다 완성된 두께가 훨씬 두꺼워진다는 것을 염두에 두고 만들어야 한다.

◈ 서로인 스테이크(Sirloin steak(Medium)) ◈

♣ 재 료 ♣

재료		분량
등심(채끝살)	················	180g
감자	················	1개
시금치	················	100g
양파	················	10g
당근	················	100g
버터	················	100g
식용유	················	100ml
소금,후추	················	약간
브라운스톡(쇠고기맛나)	················	100ml
파슬리	················	1잎
설탕	················	5g

〈 요구사항 〉

- 주어진 재료를 사용하여 다음과 같이 서로인 스테이크를 만드시오.
- 온도를 잘 맞추어 구우시오.
- 더운 야채(hot vegetable)를 만들어 함께 내시오.

〈 만드는 법 〉

1) 감자는 껍질을 벗겨 0.7 0.7～5cm 정도로 잘라 반 정도 삶은 후 물기를 빼서 기름에 노릇노릇 하게 튀긴다.(후렌치 후라이 포테이토)
2) 시금치는 다듬어 데쳐서 식힌 다음 물기를 짜서 다진 양파와 함께 볶는다.
3) 당근은 비쉬 스타일(동전)로 자른다. 냄비에 버터를 넣고 당근, 설탕, 스톡, 레몬즙을 넣고 끓여 조려서 즙이 거의 없도록 한 다음 파슬리 챕을 뿌려 둔다.
4) 스테이크에 소금, 후추를 뿌려 양면에 식용유를 살짝 발라 프라이팬이나 석쇠에 양면이 갈색이 나면서 중간 정도 굽기에 맞춰 구워 접시에 담는다.
5) 팬에 야채를 볶고 버터와 밀가루를 넣어 브라운루를 만들어 토마토 페스트를 넣어 볶다가 브라운 스톡을 넣어 끓인 후 걸러서 간을 맞춘다.
6) 접시에 스테이크를 담고 감자튀김, 시금치 버터볶음, 당근찜을 곁들여 담는다.

〈 유의사항 〉

· 덜 익거나 너무 익지 않도록 유의한다.

· 스테이크의 색에 유의한다.

· 더운 야채의 요리법에 유의한다.

· 불을 사용하여 만든 조리작품은 반드시 익어야 한다.

· 요구 작품이 두 가지인 경우 한 가지 작품만 만들었을 때에는 미완성으로 채점대상에서 제외된다.

· 조리작품 만드는 순서는 틀리지 않게 하여야 한다.

〈 Point 〉

· 스테이크를 구울 때는 프라이팬을 충분히 달궈서 넣으면서 색이 먹음직스런 갈색이 나도록 지진다.

· 약한 프라이팬에서 지지면 고기색이 연하고 핏물이 많이 생겨서 좋지 않다.

◈ 베이컨 · 레터스 · 토마토 샌드위치 ◈
(Bacon · lettuce · tomato sandwich)

♣ 재 료 ♣

토스트 빵	······························	3쪽
양상추	······························	2잎
토마토	······························	100g
베이컨	······························	3조각
마요네즈	······························	2T
양겨자	······························	적량
버터	······························	약간

〈 요구사항 〉

· 주어진 재료를 사용하여 다음과 같이 베이컨·레터스·토마토 샌드위치를 만드시오.

· 빵은 구워서 사용하시오.

· 토마토는 0.5cm 정도의 두께로 썰고 베이컨은 구워서 쓰시오.

〈 만드는 법 〉

1) 빵은 토스트 한다.
2) 베이컨을 끓는 물에 데친 후 기름을 제거한다.
3) 토마토를 0.5cm 두께로 잘라 놓는다.
4) 양상추는 씻은 후 물기를 제거한다.
5) 빵 1쪽의 한 면에 마요네즈(양겨자 섞어도 좋음)를 발라서 양상치를 덮고 그 위에 베이컨을 덮고 양면에 마요네즈를 바른 빵 1쪽을 덮고 양상추, 토마토를 덮고 다시 한 면에 마요네즈를 바른 빵 1쪽을 덮은 후 잠시 살짝 누른 후 4면의 가장자리를 자르고 모양있게 잘라 접시에 담는다.

〈 유의사항 〉

· 베이컨의 굽는 정도에 유의한다.

· 샌드위치의 모양이 나빠지지 않도록 썰 때 유의한다.

· 빵에 수분이 흡수되지 않도록 한다.

· 불을 사용하여 만든 조리작품은 반드시 익어야 한다.

· 요구 작품이 두 가지인 경우 한 가지 작품만 만들었을 때에는 미완성으로 채점대상에서 제외된다.

· 조리작품 만드는 순서는 틀리지 않게 하여야 한다.

〈 Point 〉

· 프라이팬을 깨끗이 길들여서 빵을 토스트 한 후 베이컨을 구우면 용기 사용하는 순서가 알맞다.

· 빵을 다룰 때는 도마가 깨끗하고 잘 드는 칼로 썰어서 빵의 모양이 찌그러지지 않게 한다.

· 샌드위치용 식빵은 너무 부드러운 것 보다 빵의 모양이 나는 군기의 것으로 준비하는 것이 좋다.

· 토마토나 레터스는 물기를 없앤 후 빵에다 놓고 맛 덮어야 빵이 습기가 차지 않는다.

◈ 햄버거 샌드위치(Hamburger sandwich) ◈

♣ 재 료 ♣

재료	분량
쇠고기 간 것	70g
햄버거용 빵	1개
양파	10g
샐러리	10g
빵가루	2T.s
달걀	1/4개
토마토	50g
양상추	1잎
버터	10g
식용유	1T
소금,후추	약간

〈 요구사항 〉

- 주어진 재료를 사용하여 다음과 같이 햄버거 샌드위치를 만드시오.
- 구워진 고기의 두께는 1cm 정도로 하시오.
- 양상치는 그대로, 토마토, 양파는 0.5cm 정도의 두께로 써시오.
- 빵 사이에 위의 재료를 넣어 반 잘라 내시오.

〈 만드는 법 〉

1) 쇠고기를 다지고 양파, 샐러리는 곱게 다진 다음 볶아서 식힌다.
2) 용기에 쇠고기, 양파, 샐러리, 빵가루, 달걀, 소금, 후추를 넣고 끈기 있게 잘 섞은 후 1cm정도의 두께의 원형으로 patty를 만든다.
3) 햄버거 빵은 두께를 반으로 잘라 프라이팬(또는 토스터)에 구운 후 버터를 바른다.
4) 프라이팬에 식용유를 두르고 가열한 후 햄버거patty를 익힌다.
5) 프라이팬에 양파링과 토마토링을 살짝 굽는다.(안 구워도 좋다)
6) 구운 빵에 양상추, 햄버거patty, 토마토, 양파, 빵의 순서로 포갠 후 반으로 잘라 접시에 담는다.

〈 유의사항 〉

- 구워진 고기가 단단해지거나 부서지지 않도록 한다.

- 빵에 수분이 흡수되지 않도록 유의한다.
- 불에 사용하여 만든 조리작품은 반드시 익어야 한다.
- 요구 작품이 두 가지인 경우 한 가지 작품만 만들었을 때에는 미완성으로 채점대상에서 제외된다.
- 조리작품 만드는 순서는 틀리지 않게 하여야 한다.

〈 Point 〉

- 빵 사이에 끼우는 고기를 양념할 때는 곱게 다진 양파, 샐러리, 쇠고기를 끈기 있게 치대어 양념한 후 둥글게 빚는다.
- 고기를 지질 때 가장자리가 잘 타고 가운데 속이 익지 않는 경우가 있으므로 뚜껑을 덮고 잠시 불을 꺼도 좋다(불 조절을 잘해야 한다).

◈ 휘시스톡(Fish stock) ◈

♣ 재 료 ♣

생선뼈	200g
버터	30g
양파	20g
물	1½C
레몬즙	1/10개
파슬리 줄기	1개
월계수잎	1잎
통후추	1잎
샐러리	약간

〈 요구사항 〉

· 주어진 재료를 사용하여 다음과 같이 휘시스톡을 만드시오.

· 스톡을 맑게 만드시오.

· 생선뼈는 핏물을 제거한 후 사용하시오.

· 완성된 스톡의 양이 200ml 정도 되도록 하시오.

〈 만드는 법 〉

1) 생선뼈는 토막 내어 물을 깨끗이 씻고 양파와 샐러리는 길이로 채 썬다.
2) 냄비에 마가린을 넣고 가열하여 양파를 색이 나지 않게 볶은 다음 생선뼈를 넣고 물을 붓는다.
3) 레몬즙, 파슬리 줄기, 월계수잎, 통후추를 넣고 끓어 오르면 불로 조절하여 20분간 끓인다.
4) 수시로 거품과 기름을 건져내고 시간이 되면 소창(cheesecloth)에 거른다.

〈 유의사항 〉

· 불 조절에 유의한다.

· 생선뼈의 핏물을 잘 씻어야 한다.

· 스톡이 끓을 때 생기는 거품을 걷어내야 한다.

- 불을 사용하여 만든 조리작품은 반드시 익어야 한다.
- 요구 작품이 두 가지인 경우 한 가지 작품만 만들었을 때에는 미완성으로 채점대상에서 제외된다.
- 조리작품 만드는 순서는 틀리지 않게 하여야 한다.

〈 Point 〉

- 생선뼈는 찬물에 담가 핏물을 빼고 깨끗이 씻은 다음 사용한다.
- 스톡을 끓일 때 너무 센 불에서 끓이면 국물이 탁해 지면서 은근한 맛이 덜 우러나오므로 끓기 시작하면 서서히 끓이면서 거품을 걷어낸다.
- 휘시스톡은 휘시 그라탕 요리나 소스 만드는데 사용되며 소창에 받칠 때는 짜지 말고 자연히 받쳐야 국물이 맑다.
- 20분 이상 절대 끓여서는 안된다.

◈ 브라운 스톡(Brown stock) ◈

♣ 재 료 ♣

재료	분량
소뼈 (사태)	200g
양파	20g
샐러리	10g
당근	10g
캔토마토	20g
월계수 잎	1잎
타임	약간
페퍼콘	1개
클로브	1개
파슬리 줄기	1개
물	3C
부케가르니	약간
버터	1T

< 요구사항 >

- 주어진 재료를 사용하여 다음과 같이 브라운 스톡을 만드시오.
- 스톡을 맑게 만드시오.
- 쇠뼈는 핏물을 제거한 후 사용하시오.
- 완성된 스톡의 양이 200ml 정도가 되도록 하시오.

< 만드는 법 >

1) 양파, 당근, 샐러리는 2.5~3cm 정도 깍두기 모양으로 썬다.
2) 쇠뼈는 핏물을 제거한 후 끓는 물에 데쳐낸다.
3) 소스팬에 버터를 두르고 쇠뼈를 볶아 색깔나기 시작하면 양파, 샐러리, 당근을 넣고 볶은 후 토마토 퓨레를 만들어 넣는다.
4) 3)에 물을 부은 후 부케가니와 통후추를 넣고 서서히 끓여서 흡수지에 걸러낸다.

< 유의사항 >

- 불 조절에 유의한다.
- 스톡이 끓을 때 생기는 거품을 걷어 내야 한다.
- 불을 사용하여 만든 조리작품은 반드시 익어야 한다.
- 요구 작품이 두 가지인 경우 한 가지 작품만 만들었을 때에는 미

완성으로 채점대상에서 제외된다.

- 조리작품 만드는 순서는 틀리지 않게 하여야 한다.

〈 Point 〉

- 스톡이란 주로 쇠고기, 양고기, 송아지고기, 닭고기, 생선 또는 동물의 뼈 등을 서서히 끓여서 영양과 맛이 우러난 국물을 말한다.
- 화이트 스톡과 브라운 스톡으로 색깔에 따라 구분하여 사용한다.
- 앙뜨레(Entree)의 주제가 흰색이면 화이트 스톡으로 소스를 만들어 내며 주제가 브라운 색이면 브라운 스톡으로 브라운 소스를 만들어 제공한다.

◈ 브라운 그래비 소스(Brown gravy sauce) ◈

♣ 재 료 ♣

재료		분량
밀가루	·························	20g
버터	·························	20g
브라운 스톡	·························	1C
소금,후추	·························	약간
양파	·························	20g
샐러리	·························	15g
당근	·························	20g
토마토페이스트	·························	1T

〈 요구사항 〉

· 주어진 재료를 사용하여 다음과 같이 브라운 그래비 소스를 만드시오.

· 브라운 루(Brown Roux)를 만들어 사용하시오.

· 완성된 작품의 양은 200ml 정도로 만드시오.

〈 만드는 법 〉

1) 버터를 소스팬에 넣고 야채들은 0.5 0.5~3cm정도 잘라 갈색이 나도록 볶은 후 물에 끓여서 체에 받친다.
2) 버터에 넣고 밀가루를 넣어 갈색이 나도록 잘 볶는다.
3) 볶은 갈색 루(Roux)에 브라운 스톡(①에 페이스트(케찹), 우스타 소스 등을 곁들임)을 조금씩 첨가하여 농도를 맞춘 후 20~30분 정도 끓인 후 체에 거른다.
4) 체에 거른 후 소금, 후추로 간을 한다.

〈 유의사항 〉

· 브라운 루(Brown Roux)가 타지 않도록 유의한다.

· 소스의 농도가 너무 묽거나 너무 진하지 않도록 유의한다.

· 불을 사용하여 만든 조리작품은 반드시 익어야 한다.

· 요구 작품이 두 가지인 경우 한 가지 작품만 만들었을 때에는 미

완성으로 채점대상에서 제외된다.

- 조리작품 만드는 순서는 틀리지 않게 하여야 한다.

〈 Point 〉

- 닭고기나 쇠고기 등을 로스트할 때 철판에 고이는 짙은 육수를 이용하여 만드는 소스를 그래비 소스라 한다.
- 철판이나 팬에 고인 국물을 식혀서 위에 뜬 기름을 걷어 내고 브라운 소스를 넣어 끓여주면 브라운 그래비 소스가 된다.
- 육수가 따로 없으며 야채와 버터를 볶아 브라운 루를 만들고 페이스트(케찹), 우스타 소스와 함께 브라운 스톡으로 준비한다.
- 닭고기의 그래비(Gravy)는 닭고기 요리에, 쇠고기의 그래비(Gravy)는 쇠고기 요리에 사용하는 것이 좋다.

◈ 홀렌다이스 소스(Hollandaise sauce) ◈

♣ 재 료 ♣

재료		분량
버터	·························	100g
달걀	·························	1개
레몬즙	·························	1/2T
소금	·························	약간
식초	·························	약간
양파	·························	약간
타라곤(파슬리)	·························	약간
페퍼콘	·························	약간

〈 요구사항 〉

· 주어진 재료를 사용하여 다음과 같이 홀렌다이스 소스를 만드시오.

· 소스를 물에 중탕하여 알맞은 온도를 유지하시오.

· 소스의 농도를 잘 맞추시오.

〈 만드는 법 〉

1) 계란 노른자를 분리하여 놓는다.
2) 식초 양파 다진 것, 타라곤, 통후추 으깬 것에 물을 끓여 반 스푼 되게 줄여 거른다.
3) 버터를 용기에 담아 중탕으로 녹힌다.
4) 이중탕 믹싱볼에 노른자와 졸여 놓은 물을 넣고 70℃되게 하여 휘저으면서 녹여 놓은 버터를 조금씩 넣어가면서 저어 만든다.
5) 레몬즙, 소금으로 맛을 조절하여 접시에 담아낸다.

〈 유의사항 〉

· 소스의 농도에 유의한다.

· 불을 사용하여 만든 조리작품은 반드시 익어야 한다.

· 요구 작품이 두 가지인 경우 한 가지 작품만 만들었을 때에는 미완성으로 채점대상에서 제외된다.

· 조리작품 만드는 순서는 틀리지 않게 하여야 한다.

〈 Point 〉

- 녹은 버터를 넣어 부드럽게 젓다가 버터가 굳으면 용기 밑에 따뜻한 물에 받쳐 놓고 거품기로 저으면 부드럽다. 이때 냄비 속의 물이 뜨거우면 달걀이 익으므로 주의한다. 소스가 되직할 때는 미지근한 물을 조금씩 넣어 가며 부드럽게 해 준다.
- 홀렌다이스 소스는 네덜란드풍의 소스로 중탕한 버터를 달걀 노른자와 레몬즙에 조금씩 넣어가며 부드럽게 만든 것으로 버터가 굳지 않도록 빨리 저어가며 만든다.

◈ 탈탈 소스(Tar tar sauce) ◈

♣ 재 료 ♣

재료		분량
마요네즈	·······················	3T
삶은 달걀	·······················	1/2개
피클	·······················	20g
피망	·······················	10g
양파	·······················	10g
파슬리	·······················	3g
레몬즙	·······················	약간
식초	·······················	약간
소금, 흰후추	·······················	약간

〈 요구사항 〉

· 주어진 재료를 사용하여 다음과 같이 탈탈 소스를 만드시오.

· 모든 재료를 0.2㎝ 정도의 크기로 다지시오.

· 소스의 농도를 잘 맞추시오.

〈 만드는 법 〉

1) 피클, 피망, 양파, 파슬리를 각각 다진다.
2) 삶은 달걀도 흰자, 노른자를 각각 곱게 다진다.
3) 마요네즈에 1), 2)의 순서로 재료를 모두 넣어 잘 섞은 후 소금, 후추, 레몬즙나 식초를 넣어 간을 맞춘 후 낸다.

〈 유의사항 〉

· 소스의 농도가 너무 묽거나 되지 않아야 한다.

· 불을 사용하여 만든 조리작품은 반드시 익어야 한다.

· 요구 작품이 두 가지인 경우 한 가지 작품만 만들었을 때에는 미완성으로 채점대상에서 제외된다.

· 조리작품 만드는 순서는 틀리지 않게 하여야 한다.

〈 Point 〉

- 탈탈 소스는 주로 생선요리에 곁들여 낸다. 많은 양의 탈탈 소스를 만들 때에는 양파를 곱게 다져서 소창에 꼭 짠 후 사용하면 좋다.
- 모든 재료를 곱게 다져서 마요네즈에 골고루 혼합해야 소스가 부드럽다.
  소스의 농도가 되직할 때는 우유를 조금 넣어 골고루 섞으면 되직하지 않아서 좋다.
- 새우튀김이나 생선요리 등에 곁들여지는 소스로 맛이 좋다.
- 양파, 피망, 파슬리, 피클, 삶은 달걀을 다져서 섞으므로 물기가 생기지 않도록 한다.

◈ 애플 소스(Apple sauce) ◈

♣ 재 료 ♣

재료	분량
사과	1/4개
버터	20g
설탕	10g
소금	약간
계피가루	약간
물	약간

〈 요구사항 〉

- 주어진 재료를 사용하여 다음과 같이 애플 소스를 만드시오.
- 소스의 농도는 묽거나 되지 않도록 하시오.
- 사과는 껍질과 씨를 제거하여 사용하시오.

〈 만드는 법 〉

1) 사과는 껍질과 씨를 제거한 후 가능한 얇게 썬다.
2) 냄비에 버터를 넣고 색이 나지 않게 녹인 후 사과를 살짝 볶은 다음 설탕, 소금, 물을 넣고 푹 끓이면서 계피가루도 넣는다.
3) 충분히 무르면 체로 걸러낸(puree)다음 냄비에 넣어 농도와 맛을 조절한 다음 불을 끄고 버터를 넣어 저어서 그릇에 담는다.

〈 유의사항 〉

- 잼과 같은 상태가 되지 않도록 한다.
- 소스의 색깔에 유의한다.
- 불을 사용하여 만든 조리작품은 반드시 익어야 한다.
- 요구 작품이 두 가지인 경우 한 가지 작품만 만들었을 때에는 미완성으로 채점대상에서 제외된다.
- 조리작품 만드는 순서는 틀리지 않게 하여야 한다.

〈 Point 〉

- 사과소스는 주로 돼지고기에 제공되며 소스의 농도가 묽을 때는 전분이나 밀가루가 있을 경우 물에 약간 타서 사용한다.
- 사과를 고를 때 색이 곱고 싱싱한 것으로 준비해야 소스를 만들어 놓으면 색깔이 곱게 된다.
- 사과를 얇게 썰어 두터운 냄비에 타지 않도록 볶다가 설탕, 소금, 물을 넣고 푹 끓여야 좋다.
- 빨리 익히려고 할 때는 뚜껑을 잠시 덮고 중불에서 끓이면서 나무 주걱으로 으깨가면서 익히다 체에 거르면 부드럽다.
- 설탕이 지나치게 많이 들어가면 굳어지므로 유의한다.

◈ 이탈리안 미트소스(Italian meat sauce) ◈

♣ 재 료 ♣

식용유 ························	$1\frac{1}{2}$T
쇠고기 간 것 ························	80g
양파 ························	40g
마늘 ························	1쪽
캔 토마토 ························	30g
토마토 페이스트 ························	30g
월계수잎 ························	1잎
비프스톡 ························	1/2C
파슬리 ························	1잎
소금, 후추 ························	약간
배질 ························	약간
오레가노 ························	약간
샐러리 ························	약간

〈 요구사항 〉

· 주어진 재료를 사용하여 다음과 같이 이탈리안 미트소스를 만드시오.

· 모든 재료는 다져서 사용하시오.

· 소스의 농도와 색을 맞추시오.

〈 만드는 법 〉

1) 양파, 파슬리, 마늘을 다진다.
2) 소스팬에 버터를 두르고, 양파를 먼저 볶다가 샐러리, 마늘을 넣고 볶은 후 고기를 볶는다.
3) 2)의 토마토페이스트를 넣고, 볶은 다음 육수를 붓고 캔토마토, 월계수잎, 오가리노 등 향신료를 넣고 끓인다.
4) 소스가 걸쭉하게 되었을 때 소금, 후추로 간을 하고 파슬리를 뿌린다.

〈 유의사항 〉

· 소스의 농도에 유의한다.

· 불을 사용하여 만든 조리작품은 반드시 익어야 한다.

· 요구 작품이 두 가지인 경우 한 가지 작품만 만들었을 때에는 미완성으로 채점대상에서 제외된다.

- 조리작품 만드는 순서는 틀리지 않게 하여야 한다.

〈 Point 〉

- 이탈리안 미트소스는 주로 스파게티 요리에 함께 내는 소스이다.
- 모든 재료를 곱게 다져서 냄비에 타지 않도록 충분히 볶다가 토마토 페이스트, 캔 토마토를 넣고 비프 스톡을 넣고 끓여야 소스가 더욱 부드럽다.
- 캔 토마토가 없을 때는 토마토를 끓는 물에 살짝 데쳐서 껍질을 벗긴 후 잘게 썰어서 사용하면 좋다.

◈ 다우전 아일랜드 드레싱 ◈
(Thousand Island Dressing)

♣ 재 료 ♣

재료	분량
마요네즈	100g
토마토 케찹	2T
칠리소스	2T
파프리카	약간
양파	20g
샐러리	10g
피클	20g
소금, 후추	약간
스티프트올리브	1개
피망	1/4개
파슬리	1잎
삶은달걀	1개

〈 요구사항 〉

- 주어진 재료를 사용하여 다음과 같이 다우전 아일랜드 드레싱을 만드시오.
- 소스의 색깔이 핑크빛이 되도록 하시오.
- 다지는 재료는 0.2㎝ 정도의 크기로 하시오.

〈 만드는 법 〉

1) 물에 소금을 넣고 계란을 삶아준다.
2) 양파는 곱게 다져서 소금에 절여서 소창에 짜준다.
3) 샐러리는 겉 줄기를 다듬어 벗긴 후 곱게 다진다.
4) 피클도 곱게 다진다.
5) 믹싱볼에 다져 놓은 재료를 모두 담고 마요네즈, 식초, 토마토케찹, 소금, 후추를 넣고 잘 섞어낸다.

〈 유의사항 〉

- 다진 재료의 물기를 제거한다.
- 불을 사용하여 만든 조리작품은 반드시 익어야 한다.
- 요구 작품이 두 가지인 경우 한 가지 작품만 만들었을 때에는 미완성으로 채점대상에서 제외된다.
- 조리작품 만드는 순서는 틀리지 않게 하여야 한다.

〈 Point 〉

- 스터프트 올리브나 피망, 파슬리, 삶은 달걀도 곱게 다져서 함께 섞으면 맛이 더욱 좋다.
- 간단하게 천드레싱이라고도 표현하며 양파는 곱게 다져 소금에 절였다가 물기를 꼭 짜서 사용하여야 한다.
- 마요네즈에서 파생되는 드레싱으로 모든 재료를 곱게 다져서 섞어야 드레싱이 부드럽다.
- 마요네즈와 토마토 케찹의 비율은 3 : 1 정도로 섞어서 핑크빛 소스가 되도록 한다.

◈ 토마토 소스(Tomato Sauce) ◈

♣ 재 료 ♣

재료	분량
버터	5g
밀가루	5g
스톡	1C
샐러리	5g
당근	10g
월계수잎	1잎
토마토페이스트	25g
양파	10g

< 요구사항 >

· 주어진 재료를 사용하여 다음과 같이 토마토 소스를 만드시오.

· 모든 재료를 다져서 사용하시오.

· 브라운 루(Brown roux)를 만들어서 소스를 만드시오.

· 완성된 소스의 양이 200ml 정도 되게 하시오.

< 만드는 법 >

1) 양파, 당근, 샐러리를 얇게 썬다.
2) 토마토는 껍질을 벗겨 낸다.
3) 소스팬에 버터를 녹인 후 베이컨과 (1)의 향채(mirepoix)를 넣고 볶다가 분량의 밀가루를 넣어 황금색(Blond color)이 나도록 볶는다.
4) 토마토 페스트와 손질된 토마토는 (3)을 나중에 살짝 볶은 후 스톡을 조금씩 넣어가며 풀어서 월계수 잎을 넣어 충분히 끓인 다음 색, 농도, 맛을 내어 체에 내린다.

< 유의사항 >

· 소스의 농도와 색깔에 유의한다.

· 불을 사용하여 만든 조리작품은 반드시 익어야 한다.

· 요구 작품이 두 가지인 경우 한 가지 작품만 만들었을 때에는 미

완성으로 채점대상에서 제외된다.

· 조리작품 만드는 순서는 틀리지 않게 하여야 한다.

◈ 포크 커틀렛(Pork Cutlet) ◈

♣ 재 료 ♣

돼지고기	·············· 120~150g
밀가루	·············· 2T
달걀	·············· 1개
빵가루	·············· 1/2C
소금, 후추	·············· 약간
식용유	·············· 100ml
애플소스	·············· 적당량
곁들임야채(Hot Vegetable)	
· 감자	·············· 100g
· 완두콩, 양파	

〈 만드는 법 〉

1) 돼지고기는 5mm 두께로 1인분에 120~150g이 되도록 넓게 포를 뜬다.
2) 고기에 소금, 후추를 뿌려 양념하고 밀가루와 달걀을 묻힌 다음 빵가루를 씌워 손으로 꼭꼭 눌러 모양을 잡는다.
3) 둥근 팬에 기름을 넉넉히 넣고 팬을 달구워 불을 약간 줄여 색이 고르게 갈색이 나도록 튀긴다.
4) 커틀렛에 애플소스와 콜스로우 샐러드를 곁들이면 좋다.

· French fried potato

감자는 chateau형으로 깍아 소금물에 삶아 버터에 볶아 소금으로 간을 하고 파슬리가루를 뿌린다.

· Butterd green peas

양파는 통째로 삶아 속을 파낸다. 완두콩은 삶아서 버터에 볶은 후 소금·흰후추를 넣어 양념한 다음 양파속에 완두콩을 넣는다.

· Glaced Carrot

당근은 chateau 또는 round형으로 깍아 약한 소금물에 삶아 버터와 설탕을 넣고 약간의 양파를 넣고 윤기 나게 조린 다.

〈 유의사항 〉

· 고기두께가 너무 두껍지 않도록 한다.

· 빵가루가 고르게 입혀질 수 있게 한다.

· 자작한 기름에서 타지 않게 노릇하게 잘 튀긴다.

〈 Point 〉

- 감자와 당근은 소금물에 삶아서 살짝 익힌 후 수분을 제거하고 튀기거나 볶아야 좋다.
- 완두콩도 소금물에 삶거나 통조림 이용 시 수분을 제거하고 볶아야 한다.
- 'Cutlet'이란 고기나 생선을 자작한 기름에서 튀겨내는 것이다.
- '돈가스'라는 명명은 일본식으로 잘못 표기된 것이다.

◈ 스파게티 미트볼(Sphaghetti Meatball) ◈

♣ 재 료 ♣

스파게티국수(Spaghetti)	··············	200g
치즈가루	··············	약간
파슬리가루	··············	약간
버터 · 식용유		
· 미트볼		
갈은 쇠고기(Ground beef)	··············	80g
(소금 · 후추 · 달걀물 · 빵가루 · 다진양파)		
· 미트소스		
갈은 쇠고기(Ground beef)	··············	50g
양파(Onion)	··············	40g
당근(Carrot)	··············	30g
샐러리(Celery)	··············	20g
양송이(Mushroom)	··············	30g
토마토(Tomato)	··············	100g
다진 마늘(Garlic)	··············	약간
토마토 페이스트(Tomato Paste)	··············	15g
육수(Stock)	··············	1컵
월계수잎(Bay leaf)	··············	1개
식용유(Oil)		
소금 · 후추(Salt, Pepper)		

< 만드는 법 >

1) 스파게티 국수는 삶아 찬물에 헹구어 물기를 뺀다.
2) 갈은 쇠고기에 소금, 후추, 달걀물, 다진양파, 빵가루를 양념하여 고기완자(미트볼)를 만든 다음 기름에 튀기거나 팬에 지진다.
3) 토마토는 끓는 물에 살짝 데쳐 찬물에 헹구어 껍질을 벗긴다.
4) 토마토와 모든 야채는 잘게 다진다.
5) 두터운 냄비에 기름과 버터를 녹여 고기와 야채를 넣어 충분히 볶은 다음 토마토페이스트와 육수를 넣고 월계수잎을 넣어 끓인다.
6) 소스가 알맞게 걸죽해지면 소금, 후추로 양념을 한다.
7) 넓은 팬에 기름과 버터를 넣어 삶은 스파게티를 볶는다.
8) 접시에 볶은 스파게티국수를 담고 중심에 미트볼을 얹는다.
9) 스파게티에 미트소스를 곁들인다.
10) 9)에 파슬리가루와 치즈가루를 뿌린다.

< 유의사항 >

- 일반적으로 국수류는 넓은 그릇에서 많은 물을 이용하여 삶는 것이 좋다.
- 스파게티국수는 충분히 삶아야 한다.
- 다진 고기에 빵가루를 넣을 때 부드럽게 하기 위해 식빵을 직접 이용하는 것이 좋다.

〈 Point 〉

- 스파게티는 이태리식 국수이다.
- 미트볼 대신 치즈 등을 얹어 이용할 수도 있다.

◈ 마카로니 샐러드(Macaronni Salad) ◈

♣ 재 료 ♣

마카로니 국수	··················	100g
햄	··················	80g
샐러리	··················	1줄기
마요네즈	··················	3~4T
삶은 달걀	··················	1개
파슬리가루	··················	1T
상추	··················	2잎
체리	··················	4개

〈 만드는 법 〉

1) 마카로니 국수는 끓는 물에 삶아 냉수에 헹구어 물기를 뺀다.
2) 햄은 마카로니 크기와 비슷하게 채 썬다.
3) 샐러리는 껍질을 얇게 벗겨서 어슷하고 길게 썬다.
4) 오목한 그릇에 위 재료를 담고 마요네즈를 넣어 잘 버무린 다음 소금, 후추로 양념을 한다.
5) 달걀은 15분 삶아 완숙을 한다.
6) 파슬리는 곱게 다져 거즈에 싸서 물에 헹구어 푸른즙을 뺀 다음 물기를 꼭 짜서 파슬리가루를 만든다.
7) 그릇에 상추를 깔아 마카로니 샐러드를 담고 샐러드 위에 체리를 얹어 달걀 삶은 것을 체에 곱게 내려 뿌린다.
8) 7)에 파슬리가루를 뿌린 다음 체리를 곁들여 장식을 한다.

〈 유의사항 〉

- 마카로니 국수 삶을 때는 잘 익히도록 해야 하고 약간의 소금을 넣는 것도 좋다.
- 샐러리 껍질을 벗길 때는 줄기부분을 골 따라 벗겨낸다.

〈 Point 〉

- 마카로니 국수의 모양은 여러 형태로 다양하다.
- 마카로니 국수는 야채수프에도 넣으며 버터에 볶거나 토마토케첩을 넣어 붉게 볶아 양식요리에서 곁들임으로도 이용한다.

◈ 게 살 샐러드(Red Crab Salad) ◈

♣ 재 료 ♣

재료		분량
당근	………………	1개
게살	………………	200g
오이	………………	1개
양파	………………	1/2개
마요네즈	………………	3T
삶은 달걀 완숙	………………	3개
상추	………………	6잎

〈 만드는 법 〉

1) 게살은 물에 헹구어 씻어 부드럽게 한 다음 물기를 꼭 짠다.
2) 게맛살인 경우에는 잘게 결 따라 손으로 찢어 사용한다.
3) 오이와 당근은 5㎝ 길이로 토막을 내어 납작하게 썰어 채 썬 다음 소금에 약간 절였다가 물기를 닦는다.
4) 양파는 곱게 채 썰어 소금에 절였다가 물기를 닦는다.
5) 달걀은 완숙하고 껍질을 벗겨 달걀절에 자른다.
6) 오목한 그릇에 게살, 오이, 양파, 당근을 담고 마요네즈를 넣어 잘 버무려 소금, 후추로 양념하여 게살 샐러드를 만든다.
7) 접시에 상추 잎을 깔고 게살 샐러드를 담는다.
8) 샐러드에 체를 놓고 달걀 노른자 가루를 뿌리고 가장자리에 반숙 달걀을 돌려 담는다.

〈 유의사항 〉

- 냉동된 게살은 데친 후 사용하여야 한다.
- 대용품으로 게맛살을 이용 할 수도 있다.
- 달걀절을 사용하여 달걀을 자를 때 모양이 매끈하게 되도록 유의한다.

〈 Point 〉

- 꽃게가 많이 잡히는 계절에는 싱싱한 것을 찜통에 쪄서 식힌 후 게살을 발라 이용해도 좋다.

◈ 애플파이(Apple Pie) ◈

♣ 재 료 ♣

· 껍질반죽

재료		분량
밀가루(박력분)	…………………	$1\frac{1}{2}$C
버터	…………………	100g
달걀(小)	…………………	1개
물	…………………	5T
설탕	…………………	1T
소금	…………………	조금
달걀노른자	…………………	2개

사과 · 설탕 · 계피가루 · 버터

〈 만드는 법 〉

1) 밀가루를 체에 내리고 버터를 잘게 다져 밀가루에 넣어 손으로 비비면서 골고루 혼합한다.
2) 1)의 재료에 달걀, 물, 설탕, 소금을 잘 풀어 넣으면서 반죽하여 공기가 통하지 않는 비닐봉지에 밀봉하여 냉장고에 1~2시간 정도 굳힌다.
3) 반죽이 거의 단단해지면 밀대로 2개를 밀어 파이형(밧드)에 맞게 가위로 자른다.
4) 사과는 껍질을 벗겨 2등분한 다음 씨를 빼고 4~5mm정도의 두께로 납작하게 썰어 설탕, 버터, 계피가루에 은근히 조려 애플파이 속 재료를 준비한다.
5) 파이그릇에 기름을 골고루 칠하여 3)의 껍질을 깔고 포크로 찍어 공기구멍을 만든 다음 4)의 사과조린 속 재료를 담아 그 위를 3)의 껍질로 덮어 맞붙인다.
6) 5)의 완성된 재료에 끝으로 윗면에 4~5군데 공기구멍을 내고 달걀 노른자를 전면에 골고루 발라 설탕가루를 뿌려 오븐온도 200℃ 정도에서 20분 정도 굽는다.

〈 유의사항 〉

- 반죽물(dough)을 냉장처리한 후 이용해야 좋다.
- 파이 윗면은 계란 노른자 물을 발라 윤기 나게 구워야 좋다.

〈 Point 〉

- 팬의 형태에 따라 모양을 다양하게 즐길 수 있다.
- 두 장의 껍질을 맞붙일 때 손가락으로 모양을 내서 장식하기도 한다.

◈ 도우넛(Doughnut) ◈

♣ 재 료 ♣

재료		분량
밀가루(박력분)	···················	2C
베이킹파우더	···················	2t
설탕	···················	1/2C
녹인 버터	···················	2T
달걀	···················	2개
향료	···················	조금
설탕	···················	1/4C
계피가루	···················	3T
초코렛	···················	60g
설탕시럽	···················	5T
튀김기름		

< 만드는 법 >

1) 밀가루와 베이킹파우더를 같이 혼합하여 체에 내린다.
2) 버터는 중탕하여 녹인다.
3) 오목한 볼에 달걀, 설탕을 넣고 거품기로 잘 저은 다음 2)의 액체버터와 향료를 넣는다.
4) 3)의 재료에 1)의 밀가루, 베이킹파우더를 넣고 가볍게 반죽한다.
5) 4)의 재료를 밀대로 5mm 정도 두께로 밀어서 도우넛형으로 찍어낸 다음 140~160℃(중온)의 튀김기름에서 은근히 튀긴다.
6) 튀겨낸 도우넛 중 일부를 설탕과 계피가루를 섞은 재료에 묻힌다.
7) 설탕과 물을 동량으로 잡아 끓이다가 걸쭉한 농도로 조려지면 초코렛을 넣어 녹인다.
8) 튀겨놓은 5)의 도우넛에 7)의 쵸코렛을 윗면만 바른다.

< 유의사항 >

· 버터나 마가린은 중탕으로 은근하게 녹인다.

· 쵸코렛 시럽은 물과 설탕을 1:1로 하여 시럽을 만든 후 쵸코렛을 녹인다.

< Point >

· 어린이들에게는 쵸코렛 시럽을 이용하여 다양한 모양을 만들어주면 좋다.

◈ 건포도 쿠키(Grape Cookies) ◈

♣ 재 료 ♣

박력분	··················	2C
버터(마가린)	··················	200g
황설탕	··················	1/2C
흰설탕	··················	1/2C
계란	··················	1개
소금	··················	1/2t
B · P	··················	1t
건포도	··················	적량
검은깨	··················	적량

< 만드는 법 >

1) 밀가루에 베이킹파우더를 넣어 체에 내린다.
2) 오목한 보울에 버터나 마가린을 넣어 거품기로 저은 다음 황설탕, 흰설탕, 소금, 계란을 넣어 설탕이 완전히 녹도록 거품기로 잘 젓는다.
3) 밀가루와 건포도를 넣고 살며시 반죽한다.
4) 베이킹팬에 기름을 바르고 반죽을 밤알크기로 놓고 포크로 눌러 자국을 낸다.
5) 180℃의 오븐에서 15분 정도 굽는다.

< 유의사항 >

- 반죽 시 거품기를 이용할 경우에는 깊고 좁은 형의 오목한 보울이 좋다.
- 공기함유율을 높이기 위해 밀가루는 2~3회 체에 내리는 것이좋다.

< Point >

- 건포도는 술에 담그었다 이용하면 더욱 좋다.
- 쿠키는 여러 모양으로 다양하게 준비할 수 있고 건포도나 견과류 등을 이용할 수 있다.

◈ 커스터드 푸딩(Custard Pudding) ◈

< 만드는 법 >

1) 밀가루는 고운체에 내린다.
2) 오목한 보올에 설탕과 달걀을 넣고 거품기로 부드럽게 잘 젓는다.
3) 2)에 우유를 붓고 밀가루를 넣어 잘 풀은 다음 소금과 바닐라향을 넣고 고운체나 거즈에 거른다.
4) 오목한 소스 팬에 황설탕을 넣어 갈색이 나도록 태운 다음 물을 붓고 멍 우리가 없도록 설탕을 녹여 농도가 걸죽 하게 되도록 조린다.
5) 푸딩틀에 버터를 고루 잘 바른다.
6) 푸딩틀에 캬라멜 소스를 1스픈 정도 붓는다.
7) 캬라멜 소스가 굳으면 3)의 액체를 가득 붓는다. (소스가 굳지 않고 묽은 상태에 액체를 부으면 혼합이 되므로 주의해야 한다.)
8) 베이킹 철판에 따뜻한 물을 붓고 7)의 푸딩을 넣어 중탕으로 익힌다.
   (90~95℃의 낮은 온도에서 10~12분 정도 익힌다.)
9) 8)의 푸딩을 잠시 두었다가 식은 다음에 칼로 가장자리를 돌린 다음 접시에 엎어 담는다.

< 유의사항 >

- 캬라멜 소스를 만들 때는 황설탕을 태워 먼저 갈색을 낸 후 물을 넣고 조린다.
- 푸딩은 오븐에서 중탕으로 익혀야 한다.

〈 Point 〉

· 푸딩을 접시에 담아 생크림 거품 낸 것을 얹어내기도 한다.

◈ 콘 후리타(Corn Friter) ◈

♣ 재 료 ♣

재료		분량
햄	··················	50g
옥수수	··················	1C
완두콩	··················	3T
밀가루	··················	1C
베이킹파우다	··················	1t
달걀	··················	2개
우유	··················	1/3C
소금	··················	약간
튀김기름		
설탕	··················	5T
계피가루	··················	1t

< 만드는 법 >

1) 옥수수는 삶아서 알알이 떼어낸다. (옥수수가 없을 때는 통조림용 옥수수를 준비하여 국물을 빼고 옥수수 알맹이만 사용한다.)
2) 완두콩도 옥수수와 같은 방법으로 통조림을 이용하거나 끓는 물에 소금을 넣고 삶아 찬물에 헹구어 건진다.
3) 햄은 옥수수나 완두콩 크기만큼 썰어 준비한다.
4) 넓은 보올에 달걀과 소금, 설탕을 넣어 거품기로 충분히 저어서 설탕가루가 완전히 녹도록 한다.
5) 4)의 재료가 충분히 저어서 설탕이 녹으면 우유를 조금씩 넣어 골고루 젓는다.
6) 밀가루에 베이킹파우다를 섞어서 체에 내린다.
7) 5)에 준비한 6)의 재료를 넣고 골고루 가볍게 섞는다.
8) 7)의 반죽에 햄, 옥수수, 완두콩을 넣어서 가볍게 섞는다.
9) 튀김냄비에 기름을 담고 섭씨 150~160℃가 되면 8)의 재료를 한 수저씩 떠 넣어 튀긴다.
10) 설탕가루에 계피가루를 섞어 9)의 튀김을 묻혀 그릇에 보기 좋게 담는다.

< 유의사항 >

· 튀김냄비에 재료를 한꺼번에 많이 넣지 않도록 유의한다.

〈 Point 〉

- 옥수수와 함께 피망이나 감자 등을 재료로 이용할 수도 있다.
- 계피설탕가루는 기호에 따라 사용한다.

◈ 피자파이(Pizza pie) ◈

♣ 재 료 ♣

· 피자껍질(2장분량)		
밀가루	…………………	3C
버터	…………………	30g
우유	…………………	1C
생이스트	…………………	15g
설탕	…………………	15g
소금	…………………	10g
· 피자소스		
양파	…………………	1개
마늘	…………………	3쪽
토마토	…………………	2개
토마토케첩	…………………	1/2C
버터	…………………	2T
육수	…………………	1C
소금 · 후추		
얹는재료		
쇠고기 간 것	…………………	100g
피자치즈	…………………	1/2개
피망	…………………	2개
양송이	…………………	10개
베이컨	…………………	6장
햄	…………………	100g
양파	…………………	1개
올리브	…………………	8개

< 만드는 법 >

1) 우유 1C를 따뜻하게 데워 이스트 1T, 흰설탕 1T, 소금 1t, B·P 1t를 넣어 뚜껑을 덮어 20분 정도 발효시킨다. (이스트 발효)
2) 밀가루 3C를 체에 내린 후 버터 2T을 잘게 썰어 골고루 비벼준다.
3) 1)과 2)를 반죽하여 100℃ 오븐에서 20분간 발효시킨다.(도우발효)
4) 양파, 마늘, 토마토를 잘게 썰어 버터와 기름에 볶은 후 육수 1C 정도와 페이스트(1/2C)를 넣고 약간의 케찹과 소금, 후추로 간하여 조린다.
5) 파이 껍질에 이용할 3)의 도우를 파이팬에 맞게 밀어 팬에 기름을 바르고 가장자리를 정돈 한 후 포크로 공기구멍을 내고 200℃ 오븐에서 15~20분 정도 굽는다. (파이 껍질 굽기)
6) 양송이, 양파는 모양을 살려 납작하게 썰고 햄이나 피망 등은 잘게 썰어도 좋고 기타 고기나 다른 재료들은 기름에 살짝 볶은 후 소금, 후추로 간한다.(토핑 재료)
7) 구워낸 파이껍질에 소스를 바르고 토핑재료와 올리브 썬 것을 얹고 피자치즈를 얹은 후 200℃ 오븐에서 10분 정도 치즈가 녹도록 굽는다.

< 유의사항 >

- 토마토껍질은 끓는 물에 잠시 넣었다 뺀 후 벗겨낸다.
- 위에 얹는 재료는 모양을 살려 썰 수 도 있고 잘게 다져 이용할 수 도 있다.

〈 Point 〉

- 이스트발효는 35℃ 전후에서 한다.
- 설탕은 이스트의 먹이역할을 하므로 발효 시 약간 넣어 주는 것도 좋다.
- 오븐요리는 미리 예열 시킨 후 이용하는 것이 바람직하다.

◈ 핫 케익익(Hot Cake) ◈

♣ 재 료 ♣

재료	분량
밀가루(박력분)	2C
우유	1C
달걀	1개
설탕	1/2C
액체버터	2T
베이킹파우더	2t
향료	1/2t
소금	1/4t
· 핫케익시럽	
설탕 · 물 · 향료	

< 만드는 법 >

1) 밀가루는 강력분은 피하고 박력분이나 중력분을 선택하여 베이킹 파우더를 섞어 고운 체에 내려 덩어리가 없이 준비한다.
2) 버터는 중탕하는 식으로 녹인다.
3) 오목한 볼에 달걀, 설탕을 넣고 거품기로 잘 저은 다음 우유를 넣고 2)의 액체버터, 향료를 넣는다.
4) 3)의 재료에 1)의 밀가루, 베이킹파우더를 넣고 끈기가 나지 않도록 가볍게 반죽한다.
5) 두터운 프라이팬에 식용유를 두르고 먼저 팬을 뜨겁게 달구어 주고 나서 불을 약하게 줄인 다음 4)의 반죽을 한 국자씩 떠서 지진다.
6) 5)의 재료가 익으면서 윗면 전체에 동글동글한 구멍이 생기면 밑부분을 확인한 다음 뒤집어서 완전히 익으면 접시에 담는다.
7) 팬에 설탕을 넣고 중불에서 갈색이 되게 조리다가 물을 넣고 은근히 끓여 향료를 첨가하여 진한 시럽을 만들어 6)의 핫케익 위에 끼얹는다.

< 유의사항 >

· 반죽은 오랫동안 하지 말고 가볍게 하도록 한다.

< Point >

· 향료는 보통 바닐라향을 사용한다.

· 계절에 따라 시럽을 만들 때 과일을 넣을 수도 있다.

◈ 비엔나 커피(Vienna Coffee) ◈

♣ 재 료 ♣

커피	··················	1C
위핑크림	··················	적당량
계피가루	··················	조금

〈 만드는 법 〉

1) 커피 잔이나 유리 글라스에 뜨거운 커피를 담는다.
2) 생크림을 거품 내어 1)의 커피 위에 얹은 다음 계피가루를 뿌린다.

〈 유의사항 〉

- 생크림은 우유보다 농도가 진하며 (유지방성분 36%) 크림수프, 케익, 밀크세이크, 아이스크림 등에도 이용하고 커피에도 이용 할 수 있다.
- 생크림은 차게 해서 거품을 내야 좋다.

〈 Point 〉

- 위스키는 곁들여 아이리쉬 커피를 만들 수 도 있고 박하 술을 곁들여 터키쉬 커피를 만들 수 도 있다.
- 아이리쉬커피
  1) 깨지지 않는 두꺼운 유리 글라스에 1온스의 위스키를 붓고 불을 붙여 잔을 돌려가며 위스키를 담고 태운다.
  2) 1)에 뜨거운 커피를 잔에 8부정도 채운다.
  3) 생크림에 거품 내어 2)의 커피에 얹고 계피가루를 뿌린다.
- 터키쉬커피
  1) 유리 글라스에 박하 술(White)을 붓고 뜨거운 커피로 채운다.
  2) 1)에 생크림 거품 낸 것을 가득 채우고 계피가루를 뿌린다.

◈ 후루츠 펀치(Fruits Punch) ◈

♣ 재 료 ♣

재료		분량
오렌지쥬스	··················	3C
레몬쥬스	··················	3C
백포도주	··················	1C
설탕시럽	··················	2C
브랜디	··················	1T
후루우츠칵텔(통조림)	··················	3C
바나나	··················	1개
체리	··················	10개

〈 만드는 법 〉

1) 물 2C에 설탕 1C을 넣고 10분 정도 끓여 설탕시럽을 만들어 차게 식힌다.
2) 바나나는 껍질을 벗겨 잘게 썬다.
3) 설탕시럽에 오렌지쥬스, 레몬쥬스, 백포도주, 브랜디를 넣어 잘 혼합하여 차게 준비한다.
4) 3)의 국물 속에 후루우츠 칵텔을 넣고 바나나와 체리를 넣어 후루우츠 칵텔을 만든다.
5) 후루우츠 칵텔을 큰 화채그릇에 담고 시원하게 얼음을 띠운 다음 먹기 전에 잘 저어 시원한 그릇에 담는다.

〈 유의사항 〉

· 물과 설탕의 비율을 2:1로 하여 시럽을 만들도록 한다.

· 모든 재료는 차게 이용하는 것이 좋다.

〈 Point 〉

· 신선한 과일을 그대로 썰어 이용 할 수 도 있고 설탕시럽에 끓인 후 식혀서 사용한다.

· 통조림을 사용하면 편하게 이용할 수 있다.

◈ 후렌치 토스트(French-toast) ◈

♣ 재 료 ♣

식빵	···························	10개
계란	···························	2개
우유	···························	1C
설탕	···························	2T
vanilla	···························	적당량
소금	···························	약간
식용유	···························	적당량

〈 만드는 법 〉

1) 오목한 보울에 계란을 깨뜨리고 우유, 설탕, 약간의 바닐라향과 소금을 넣어 잘 섞는다.
2) 식빵을 살짝 묻혀 후라이팬에 식용유와 버터를 두르고 타지 않게 지져 낸다.
3) 모양을 보기 좋게 자른다.

〈 유의사항 〉

- 식빵을 계란 물에 오랫동안 담그어 두지 않도록 한다.
- 노릇하게 지져서 깨끗한 노란색이 나오도록 해야 한다.

〈 Point 〉

- 식용유 대신 버터를 이용할 수도 있고 같이 섞어 이용할 수도 있다.
- 모양은 사각형 또는 삼각형으로 자를 수 있다.

◈ 시나몬 토스트(Cinnamon-toast) ◈

♣ 재 료 ♣

식빵	10개
butter	적당량
cinnamon	적당량
설탕	적당량

〈 만드는 법 〉

1) 설탕과 계피가루를 적당량 혼합한다.
2) 식빵을 toaster나 후라이팬에 구워 뜨거울 때에 버터나 마아가린을 바르고 1)을 묻힌다.
3) 모양을 보기 좋게 사각형이나 삼각형 등으로 자른다.

〈 유의사항 〉

· 계피분과 설탕은 골고루 잘 혼합하도록 한다.

· 식은 후 계피분을 바르면 잘 묻히지 않으므로 반드시 뜨거울 때 묻힌다.

〈 Point 〉

· 설탕은 황설탕을 이용하는 것이 좋다.

· 식빵을 자를 때 가장자리를 잘라내어도 좋다.

◈ 스크램블 에그(Scrambled egg) ◈

♣ 재 료 ♣

재료		분량
계란	…………………………	4개
melted butter	…………………………	2T
우유	…………………………	1C
식용유	…………………………	적당량
소금	…………………………	약간
후추	…………………………	약간

〈 만드는 법 〉

1) 오목한 그릇에 계란을 깨뜨려 완전히 풀어놓는다.
2) 위의 재료에 우유와 녹인 버터를 넣어 약간의 소금과 후추를 넣어 혼합한다.
3) 후라이팬에 식용유를 두르고 2)의 재료를 부어 나무젓가락이나 주걱으로 고루 저으면서 2/3쯤 익으면 접시에 담는다.

〈 유의사항 〉

· 계란과 우유는 거품기로 잘 풀어주어야 한다.

· 후라이팬에서 익힐 때 거의 익어갈 무렵 불을 끄고 남은 여열로 마무리 하도록 한다.

〈 Point 〉

· 계란을 저으면서 익힐 때는 스텐수저 보다는 나무 주걱등을 이용하는 것이 바람직하다.

◈ 팬프라이 휘시(Fried Fish) ◈

♣ 재 료 ♣

재료		분량
흰살생선	························	10인분
밀가루	························	1C
계란	························	2개
우유	························	3T
빵가루	························	2C
소금	························	약간
후추	························	약간
튀김용 기름	························	적당량
레몬즙	························	약간

〈 만드는 법 〉

1) 생선은 도톰하게 저민 것에 소금, 후추로 간을 한다.
   이때 레몬즙을 약간 뿌려주면 좋다.
2) 간이 밴 생선을 밀가루, 계란과 우유 섞은 것, 빵가루 순으로 묻혀서 180℃ 정도의 기름에 갈색으로 지져내듯 튀긴다.

〈 유의사항 〉

· 기름의 양을 너무 많게 하지 않고 자작한 정도의 기름에서 튀겨내는 것이 좋다.

〈 Point 〉

· 레몬즙은 생선살이 부서지는 것을 방지해주고 비린내를 없애준다.

◈ 토마토 쥬스(Tomato Juice) ◈

♣ 재 료 ♣

토마토	··	적당량
소금	··	적당량
설탕	··	적당량
물	··	약간

〈 만드는 법 〉

1) 토마토는 대강 쪼개어 원형이 없어지고 부드러워질 때까지 끓인다. 끓이는 도중 잘 저으면서 뭉개어 주면서 20-30분 더 가열한다.
2) 끓인 것을 체로 걸러 불필요한 껍질 등을 걸러 다시금 잘 저으면서 소금, 설탕으로 간을 맞춘다.
3) 물을 섞어 희석해서 사용해도 좋다.

〈 유의사항 〉

· 토마토 껍질은 열을 가하면 벗기기 쉽다.

〈 Point 〉

· 물의 양으로 농도는 조절하면 된다.

◈ 파티 케익(Party Cakes) ◈

♣ 재 료 ♣

재료		분량
밀가루(박력분)	························	1½C
설탕	························	1C
B.P	························	3t
레몬	························	½개
소금	························	1t
계란	························	2개
식물성 oil	························	⅓C
생크림	························	적당량
우유	························	약간
계절과일종류	(사과, 키위, 딸기, 귤 등)	

〈 만드는 법 〉

1) 밀가루, 설탕, 소금, B.P를 섞어서 체에 받쳐 놓는다.
2) 여기에 계란과 레몬, 기름을 넣은 후 잘 혼합한다.
3) Ring틀에 기름을 바르고 반죽을 넣어 160~180℃의 oven에서 30~40분 정도 굽는다.
4) oven에서 꺼낸 후 케잌 틀을 거꾸로 엎어 식힌 후 꺼내어 놓는다.
5) 접시에 케잌을 담고 가운데 파진 곳에 계절의 과일을 작게 썰어 장식 해 놓는다.

〈 유의사항 〉

· 케잌을 거꾸로 식혀서 꺼내야 모양이 잘 잡힌다.

〈 Point 〉

· 레몬은 껍질도 잘게 다져 이용하면 독특한 향을 즐길 수 있다.

◈ 오렌지 쿠키(Orange Cookies) ◈

♣ 재 료 ♣

재료		분량
박력분	························	400g
버터	························	140g
쇼트닝	························	60g
흰설탕	························	1C
소금	························	1t
계란	························	3개
탈지분유	························	1T
오렌지향	························	약간

〈 만드는 법 〉

1) 버터를 거품기로 저어 부드럽게 저어준 후 설탕, 소금을 넣고 크림상태로 만든다.
2) 계란을 소량씩 분할 투여 하여 부드러운 크림상태가 될 때까지 휘핑한다.
3) 밀가루는 체에 치고 오렌지향도 분말인 경우 같이 체에 친다.
4) 탈지분유와 함께 모두 섞어 가볍게 반죽한 후 짤 주머니에 넣는다.
5) Pan에 기름칠을 하고 짤 주머니를 이용하여 간격과 크기조정을 해가며 꽃 모양으로 동그랗게 성형한다.
6) 윗단 180~200℃, 아랫단 140~160℃에서 10분정도 굽는다.

〈 유의사항 〉

· 반죽을 너무 섞어주면 글루텐함량이 높아지므로 대강만 섞는다.

· 성형할 때 팬에서 약 1㎝ 거리를 띄우고 짠다.

〈 Point 〉

· 버터 사용 시 쇼트닝과 함께 섞어 이용해도 좋다.

◈ 애플소스(Apple Sauce) ◈

♣ 재 료 ♣

재료		분량
사과	....	½개
버터	....	20g
설탕	....	10g
소금	....	약간
계피가루	....	적당량
물	....	적당량

〈 요구사항 〉

· 주어진 재료를 사용하여 다음과 같이 애플소스를 만드시오.

· 소스의 농도는 묽거나 되지 않도록 하시오.

· 사과는 껍질과 씨를 제거하여 사용하시오.

〈 만드는 법 〉

1) 사과는 껍질과 씨를 제거하여 썬다.
2) 냄비에 버터를 넣고 녹인 후 사과를 넣어 살짝 볶은 다음 설탕, 소금, 물을 넣고 푹 끓인다.
3) 충분히 무르면 체로 걸러낸 후 냄비에 넣어 농도와 맛을 조절한다.
4) 불을 끈 후 버터와 계피 가루를 넣어준다.

〈 유의사항 〉

· 잼과 같은 상태가 되지 않도록 한다.

· 소스의 색상에 유의한다.

· 조리작품 만드는 순서가 틀리지 않게 하여야 한다.

〈 Point 〉

· 사과소스는 주로 돼지고기 요리에 많이 이용된다.

- 소스의 농도가 묽은 경우에는 전분을 물에 타서 이용한다.
- 사과는 얄팍하게 썰어야하고 타지 않도록 두터운 냄비를 이용 하는 것이 좋다.
- 처음에는 뚜껑을 덮고 잠시 중불에서 끓이면서 도중에 나무주걱으로 으깨 주고 체에 걸른다.
- 설탕이 많이 들어가면 굳어지므로 유의한다.

◈ 생크림 케익(Creme Cake) ◈

♣ 재 료 ♣

박력분	························	1C
설탕	························	1C
계란	························	6개
버터(마가린, 식용유와 비교)	························	20g
우유	························	40㎖
바닐라향	························	약간
생크림	························	
와인	························	
계절과일(딸기,키위 등	························	
과일 통조림		

〈 만드는 법 〉

1) 박력분과 바닐라향은 체에 내린다.
2) 계란은 흰자, 노른자를 나누어 거품기로 각각 거품을 낸 후 흰자 쪽에 2~3회 나누어 설탕을 넣어 거품을 더 낸다.
3) 버터는 전기 비이터로 중탕하고 우유는 살짝 데워둔다.
4) 1)과 2)를 섞어 살며시 반죽한다.
5) 반죽일부에 3)을 넣어 섞은 후 전체반죽에 섞는다.
6) 케익 틀에 기름칠을 하고 반죽을 부어 160~180℃ 오븐에서 30분 정도 구운 후 식힌다.
7) 시럽을 만든 후 케익이 식으면 옆으로 이등분하여 발라준다.
8) 생크림에 설탕과 술을 넣어 전기 비이터로 거품을 낸 후 케익 사이와 전체에 바른 후 과일을 얹는다.

〈 유의사항 〉

· 케익 사이에 시럽을 너무 많이 바르지 않도록 한다.

· 케익에 생크림을 바를 때는 회전판을 이용하면 좋다.

· 보관 시 에는 냉장 보관하는 것이 좋다.

〈 Point 〉

· 시럽만들기 - 설탕(50g)과 물(100㎖)을 끓인 후 술(1t)을 넣는다.

· 생크림만들기 - 생크림(적당량)에 흰설탕(3T)과 술(2T)을 넣어 휘핑한다.

◈ 그린피 수프(Greenpeas Soup) ◈

♣ 재 료 ♣

완두콩	적당량
양파	½개
파	2쪽
버터	30g
밀가루	30g
부케가르니	약간
소금, 후추	약간

〈 만드는 법 〉

1) 팬에 버터와 밀가루를 넣고 노릇하게 볶는다.
2) 냄비에 양파와 파, 부케가르니를 넣고 푹 끓인 후 체에 받친다.
3) 1)과 2)를 섞고 잘 혼합하여 농도를 맞추면서 완두콩을 넣고 살짝 더 끓인다.
4) 소금, 후추로 간을 하고 크루톤이나 파세리 가루를 뿌려도 좋다.

〈 유의사항 〉

- 스톡을 만들 때 위에 뜨는 거품을 걷어내는 것이 좋다.
- 완두콩이 단단한 경우에는 체에 받친 스톡에 넣고 먼저 끓인 후 루를 넣는 것도 좋다.

〈 Point 〉

- 완두콩의 일부를 처음에 스톡을 만들 때 넣어주는 경우도 있다.

부 록

조리기능장 및 기능사 검정응시절차 안내

1. 응시자격

1) 조리기능장 : 다음 각 호에 해당하는 자

가. 조리기능사 자격을 취득한 후 동일직무분야에서 9년 이상 실무에 종사한 자.

나. 전문대학 졸업자로서 동일직무분야의 기능사 자격을 취득한 후 7년 이상 동일직무분야에서 실무에 종사한 자.

다. 동일직무분야에서 14년 이상 실무에 종사한 자.

라. 외국에서 동일한 등급 및 종목에 해당하는 자격을 취득한 자.

2) 기능사

응시 자격 제한 없음

2. 검정 방법

조리기능사 및 조리기능장→필기시험 합격자나 면제자에 한하여 실기시험.

3. 검정시행 형태 및 합격결정 기준

<table>
<tr><td rowspan="2">조리기능사</td><td>필기</td><td>객관식 4지 택일형
100점 만점에 60점 이상</td></tr>
<tr><td>실기</td><td>실기 : 100점 만점에 50점 이상</td></tr>
<tr><td rowspan="2">조리기능장</td><td>필기</td><td>객관식 4지 택일형
100점 만점에 60점 이상</td></tr>
<tr><td>실기</td><td>주관식 필기시험 또는 실기
: 100점 만점에 60점 이상</td></tr>
</table>

4. 수검원서 교부 및 접수

1) 수검원서 교부

가. 교부장소 : 한국산업인력 관리공단 및 각 지방사무소

나. 수검원서는 공휴일 및 행사일(공단창립일 3/18), 노동절(5/1), 선거일 등을 제외하고 연중 교부

다. 단체 교부시는 수검대상 기관장의 요청에 의하여 수검인원을 감안 적정량 교부

2) 원서 접수

가. 접수장소 : 한국산업인력 관리공단 및 각 지방사무소

나. 필기시험 대상자 : 해당 종목의 필기시험 원서 접수기간

다. 필기시험면제 대상자 : 해당종목의 필기시험 면제자 원서 접수기간 (실기시험 실비납부기간)

3) 수검원서 교부 및 접수 기간

가. 평　일 : 09:00~18:00(단, 11월 1일부터 다음년도 2월말까지는 09:00~17:00)
　토요일 : 09:00~13:00(단, 공휴일은 원서교부 및 접수를 하지 않음)

나. 접수기간 : 수검일정 계획에 따라 매년 초에 공고

4) 우편접수

접수마감일 도착 분까지 유효하며, 반드시 등기우표가 첨부된 반신용 봉투 1매를 동봉하여야 함. 봉투에는 주소, 통·반, 세대주 성명을 기재하여야 함.

5) 상시 접수

지정된 접수기간 이전에도 수검원서를 접수할 수 있는 제도로서 일반접수자와 구분 접수하여야 하며, 우편으로 이 제도를 이용하는 경우에는 반드시 등기우표가 첨부된 반신용 봉투(주소, 성명기재) 1매를 동봉하여야 한다.

5. 제출서류

1) 필기시험 원서 접수 시 제출서류

가. 수검원서 1통(소정양식으로 작성하되 6개월 이내에 촬영한 3.5×4.5㎝ 규격의 동일원판 탈모 상반신 사진 2매 부착)

나. 검정과목의 일부 또는 필기시험 전 과목 면제 해당자는 취득한 자격증 원본 제시

다. 외국에서 자격을 취득한 자로서 검정과목의 일부 또는 전부의 면제를 받고자 하는 자는 검정과목 면제신청서, 해외공관장이 확인한 자격증 사본 및 이력서, 자격을 취득한 국가의 자격법령에 관한 자료와 각 관련자료 번역문 각 1부.

2) 실기시험 원서접수시 제출서류

가. 검정의 일부시험 합격자 : 해당 종목의 필기시험에 합격한 자 및 필기시험 면제자는 수검원서 1통(소정양식으로 작성하되 6개월 이내에 촬영한 3.5×4.5㎝ 규격의 동일원판 탈모 상반신 사진 2매 부착)

나. 조리기능장은 필기시험에 합격되면 수험자격을 인정할 수 있는 관계증빙서류 각 1통씩을 응시자격서류 제출기간(실기시험 실비납부기간)중 제출하여야 하며, 동기간 중에 제출하지 않은 자의 필기시험 합격은 무효 된다.

① 국가기술 취득자격자는 자격증 원본 제시

② 대학, 전문대학, 고등학교 졸업자는 졸업증명서

③ 실무경력으로 응시하고자 하는 자는 공단에서 배포하는 소정양식의 경력증명서 또는 재직증명서(근무부서, 근무기간, 직명, 담당업무가 구체적으로 명시된 것)

6. 합격자 발표

수검원서를 접수한 지방사무소에 게시공고 및 합격자 자동응답 안내
(단, 기능장 검정은 자동응답안내가 되지 않음)

7. 등록

실기시험 최종합격자는 수검표, 증명사진 1매, 소정의 수수료, 주민등록증을 지참하고 수검원서를 접수한 한국산업인력 관리공단이나 지방사무소에 등록하여 자격수첩을 교부한다. 합격자 발표일로부터 60일 이내에 최종합격 등록을 하지 아니하면, 합격이 취소된다.

8. 갱신등록

최초등록 또는 갱신 등록 5년 후 60일 이내에 갱신등록을 하여야 한다.

9. 한식조리기능사 상시검정 안내

1) 실시기간

실시 기간은 매년 공단에서 발표한다.

1998년 1월 5일(日)~11월 21일(土)

단, 필기시험 원서접수는 10월 2일(金)에 마감할 예정임

2) 실시장소

서울중부지방사무소 마포상설 검정장(3271-9229)

합격자 자동응답 서비스 안내

1. 자동안내 내용

구 분		안내가능업무	안내기간
제공방법	이용전화		
음성정보 시스템 (ARS)	700-1900	합격자 자동응답 안내	합격자 발표일 0시부터 3일간
	700-4226	합격자 자동응답 안내	합격자 발표일 0시부터 4일간
		실기시험 수검사항 안내	당회 실기시험 시행 5일 전부터 실기시험 시행 첫날까지
		자격검정(검정일정, 응시자격 등)	상시안내
		직업교육훈련(훈련과정, 직종 등)	
		인력관리(구인, 구직, 기능장려 등)	
	700-2448	상시검정 실기시험 합격자 자동응답안내	합격자 발표일 0시부터 4일간
PC 통신	천리안	합격자 발표	합격자 발표일 0시부터 7일간
	HINET-P망	합격자 발표	합격자 발표일 0시부터 4일간
		국가기술자격검정 안내	상시안내
		공단산하 직업교육훈련생 모집안내	
		구인, 구직안내	

2. 이용방법

음성정보 시 스 템 (ARS) ※ 수검원서를 접수한 지방사무소	서울(중부,동부,남부)	02) 700-0900
	인천, 경기, 강원, 제주	02) 700-4226(단, 인천은 032)700-4226)
	서울 중부(상시검정 최종합격안내)	02) 700-2448
	부산, 경남	051) 700-1900 055) 700-4226
	대구, 경북	053) 700-1900 054) 700-4226
	충남, 충북	041) 700-1900 043) 700-4226
	광주, 전남	062) 700-1900 061) 700-4226
	전북	063) 700-1900 063) 700-4226
PC통신 (천리안, HINET-P망)	천리안 종합서비스 초기화면→화면에서 지시하는 대로 찾아가면 원하는 자료를 쉽게 얻을 수 있음. 01410 접속 → Hitel infoshop 선택 → TGICC 입력 후 또는 (42) 취업/ 광고/ 홍보 선택 후 자격정보 검색	

※ 700-4226 서비스를 이용하는 경우 통화요금 외에 소정의 정보 이용료가 추가되오니 참고하시고, 공중전화는 사용이 불가함.

한국산업인력관리공단 지방사무소 주소 및 전화번호

사무소명	주 소	검정안내 전화번호		
		필기시험	실기시험	등록
서울중부	서울특별시 마포구 공덕동 370-4	3273-9651~2	3273-9653~4	716-8440
서울동부	서울특별시 동대문구 장안동 415-7	242-6140~1	242-6142~3	242-6144
서울남부	서울시 관악구 신림본동 1638-32	876-8323	876-8324	876-8322
부 산	부산광역시 남구 용당동 546-2	631-1255	631-1256	631-1257
대 구	대구광역시 달서구 갈산동 971-1	586-7601	586-7602	586-7603
인 천	인천광역시 남동구 고잔동 625-1	818-2181	818-2182	818-2183
광 주	광주광역시 북구 신안동 134-1	523-3701	523-3702	523-6161
전 남	전남 순천시 장천동 176-1	742-4052	742-4052	742-4051
충 남	대전광역시 동구 용전동 148-18	624-8811	624-8812	624-8813
경 기	경기도 수원시 정자2동 80-17	253-1916	253-1917	253-1915
강 원	강원도 춘천시 온의동 62-32	54-6690	54-6992	54-4563
충 북	충북 청주시 홍덕구 운천동 1121	272-8141	272-8142	272-8143
전 북	전북 전주시 덕진구 덕진2가 114-2	254-0477	254-6010	254-9205
경 북	경북 안동시 태화동 71-83	55-2121	55-2122	55-2123
경 남	경남 창원시 중앙동 105-1	85-4001	85-4002	85-4003
제 주	제주도 제주시 일도2동 361-22	23-0701	23-0701	23-0702

실기시험 진행방법

1. 이론시험에 합격한 자는 실기시험에 연속 3회 응시할 수 있는 자격이 주어진다.
2. 지정된 실기시험 장소에 지정된 일시 이전에 도착하여 출석을 확인한 후 등번호(배번호)를 부여받고 관리요원의 인솔에 따라 실기시험장으로 이동한다.
3. 실기시험장 내에서 지정된 번호의 조리대를 찾아 준비해 간 조리기구를 꺼내놓는다.
4. 감독위원의 주의사항을 듣고 지급된 식재료의 유무를 확인한 다음 시험시작을 알려주면 침착하게 음식을 만들기 시작한다.
5. 제한시간 이내에 조리작품을 완성하고 배번호와 함께 안내요원의 유도에 따라 지정된 장소에 작품을 제출한다.
6. 조리작업대를 깨끗이 청소하고 퇴장한다.

수검자가 반드시 알아야 할 사항

1. 필기시험 원서 접수기간은 3일, 실기시험 접수기간은 4일간 임에 주의하시고 접수 마지막 날은 혼잡하오니 피해서 조기접수 요망.
2. 수검원서는 착오 없이 기재하여야 하며, 수검원서 및 답안 카드 기재착오로 인한 불이익은 일체 본인의 책임으로 한다.
3. 제출된 수검원서 및 수수료는 일체 반환되지 아니한다.
4. 시험은 수검원서 접수 지역에서만 응시할 수 있다.
   단 실기시험은 수검지역이 변동될 수도 있다.
5. 필기시험 일시 및 장소는 수검표에 날인된 것과 접수창구에 게시된 것을 반드시 대조확인하고 실기시험 일시 및 장소는 부득이한 경우 변경될 수 있으나, 최종적으로 확인하여 착오 없도록 하여야 한다.
6. 수검자는 시험시작 30분 전에 지정된 좌석에 착석하여야 하며, 시험이 시작된 이후에는 해당 시험실에 입실할 수 없다.
7. 수검자는 시험장에 반드시 주민등록증과 수검표를 지참하여야 하며, 주민등록증 분실자 및 미발급자는 본인임을 증명할 수 있는 증명서(학생증, 운전면허증 등 공공기관에서 발행한 사진이 부착된 신분증)를 필히 지참해야 한다.
8. 필기시험 답안카드 작성시 전면의 인적사항과 답란에 답을 기재할 경우에는 <컴퓨터용 사인펜>을 사용하고 뒷면의 볼펜 사용란에는 <흑색볼펜>을 사용하여 기재하여야 하며, 기타 필기용구 사용한 때는 채점대상에서 제외된다.
9. 수검자는 시험시간 중에 필기도구 및 계산기 등을 빌리거나 빌려주지 못하며 특히 계산기는 일반계산용이 아닌 다기능 전자수첩 등을 지참할 수 없다.
10. 조리기능장의 수검자격에 관한 증빙서류는 최초 실기시험 원서접수 기간 내에 제출하여야 하며, 제출하지 아니한 경우에는 합격예정이 무효 되며, 학력 및 경력이 허위임이 판명될 경우에는 최종 합격자 발표 후라도 합격이 취소된다.
11. 경력이 중복되지 아니하여야 하며, 경력환산은 졸업 후 필기수검원서 접수 마감일을 기

준으로 한다.

12. 필기시험 합격자로 당해시험 최종합격자 발표 이전에는 차기에 시행되는 동일종목의 실기시험에 필기 면제자로 응시할 수 없다.
13. 수검자는 수검 시 부터 자격수첩 등록 시 까지 수검표를 깨끗이 보관하여야 하며, 필기시험 합격자는 당해시험 최종합격자 발표이후 차기 2회까지 필기시험을 면제받으므로 계속 보관 하여야 유익하다.
14. 공단에서 실기시험 원서 접수기간에 공고하는 지정된 실기시험 지참 공구목록에 따라 필요한 도구는 실기시험시간에 수검자가 지참하여야 한다.
15. 합격자 발표 후 답안지 및 점수는 일체 공개하지 아니한다.
16. 위의 내용은 관계법령의 개정 등 사정에 의하여 일부 조정 또는 변경될 수 있다.
17. 부정행위자는 3년간 응시자격 정지 및 기 취득한 다른 기술자격도 취소 또는 정지된다.
18. 국가기술자격 수첩을 타인에게 대여하는 자는 국가기술자격법에 의하여, 1년 이하의 징역 또는 200만원 이하의 벌금에 처하며, 6개월 내지 3년간 그 기술자격이 정지된다.

실기시험 채점기준

주요내용	세부내용	평가항목	배 점
공 통	위생상태	위생복, 손톱 등 개인 위생	3
		위생적인 조리과정	4
		정리정돈 및 청소 위생	3
조리작품(1)	조리기술	재료손질, 썰기, 양념하기, 익히기, 볶기, 모양내기	30
	완성작품평가	맛, 색, 담기	15
조리작품(2)	조리기술	재료손질, 썰기, 양념하기, 익히기, 볶기, 모양내기	30
	완성작품평가	맛, 색, 담기	15
합 계			100

실기시험 준비물

한 식	1. 위생복	2. 위생모나 스카프	3. 조리용칼	4. 수저
	5. 나무젓가락	6. 행주(위생타올)	7. 계량컵	8. 계량스푼
양 식	1. 조리용칼	2. 냄비	3. 후라이팬	4. 계량스푼
	5. 나무젓가락	6. 국자	7. 나무주걱	8. 체
	9. 행주(위생타올)	10. 소창	11. 거품기	12. 계란절단기
	13. 짤주머니	14. 위생복(앞치마)	15. 위생모나 스카프	16. 고무주걱

찾 아 보 기

저 자

김 영 인
서울대학교 농가정학과 졸업
중앙대학교 대학원
식품영양학 박사
미국 Illlinosis 대학교
(Food and Nutritiom)에서 수학
현직: 상지대학교
생활산업학과 교수

김 나 영
경희대학교 대학원
식품영양학과 이학박사
르 꼬르동 블루 -
숙명아카데미 수료
현직: 상지영서대학
식품영양과 겸임교수
경희대학교, 상지대학교 강사

版 權

서 양 음 식 조 리

2008년 2월 23일 인쇄
2008년 3월 3일 발행

(정가 14,000원)

저 자 : 김영인 · 김나영
발행인 : 신 동 수
발행처 : 도서출판 신 성

주 소 : 서울시 동작구 흑석1동 207-6
전 화 : 814-7655, FAX : 812-7109
등록일자 : 1989년 10월 27일 등록번호 : 14-85호

ISBN 978-89-87708-57-8 93570